Au Maître Th. DUBOIS
MEMBRE DE L'INSTITUT

LA
MUSIQUE CLASSIQUE JAPONAISE

PAR

CHARLES LEROUX ✻ ❊

ANCIEN MEMBRE DE LA MISSION MILITAIRE FRANÇAISE AU JAPON,
EX-CHEF DE MUSIQUE DE PREMIÈRE CLASSE AU 98ᵉ RÉGIMENT D'INFANTERIE
DIRECTEUR DE L'HARMONIE DES MINES DE BLANZY

Extrait du BULLETIN Nº XIX-XX. — *Juin-Septembre 1910.*

AVEC PLANCHES DANS LE TEXTE ET HORS TEXTE

1910

EVETTE ET SCHAEFFER

18-20-22, PASSAGE DU GRAND-CERF — PARIS (2ᵉ ARRᵗ)

et à la

BIBLIOTHÈQUE DE LA SOCIÉTÉ FRANCO-JAPONAISE

59, AVENUE DU BOIS-DE-BOULOGNE, 59

(Musée d'Ennery)

Prix net : 4 francs.

La musique classique japonaise

PAR

M. Charles LEROUX

Ancien membre de la Mission militaire française au Japon,
ex-chef de musique de première classe du 98ᵉ Régiment d'Infanterie,
Directeur de l'Harmonie des Mines de Blanzy.

Pendant les cinq années de son séjour à Tôkyô (1884-1889), M. Ch. Leroux ne s'est pas contenté de former trois corps de musique de l'armée japonaise à l'instar des musiques françaises ; curieux, passionné de son art, sous les diverses formes qu'il peut revêtir, il a tenu également à profiter de l'occasion qui lui était offerte d'analyser la musique propre à la terre du Soleil Levant ; il se mit bientôt en rapport avec les membres de l'enseignement musical : MM. S. Isawa, directeur de l'Institut de musique Yamase, professeur, Shiba, musicien de l'orchestre de S. M. l'Empereur, etc , et ne tarda pas à recueillir un ensemble de données précieuses et en général à peu près inconnues des Européens.

Au cours de ses études, M. Leroux reconnut bien vite que nombreux étaient les genres de musique en usage au Japon. Les trois principales catégories : celle de la musique classique ou rituelle, de la musique populaire indigène et enfin de la musique populaire chinoise attirèrent son attention, mais en raison des difficultés très grandes que l'on rencontre dans les pays où la présence d'un interprète est indispensable pour exprimer sa pensée et recevoir celle des autres, M. Leroux dut limiter le champ de ses recherches ; elles aboutirent à deux études, l'une sur la musique classique japonaise et l'autre sur la musique populaire chinoise (1).

Déférant au désir de notre Président qui l'avait connu au Japon, M. Leroux a bien voulu communiquer à la Société le travail qu'il a fait sur la musique classique de l'Empire du Daï Nippon. Nous sommes heureux d'en donner la primeur à nos lecteurs. Nous nous permettrons d'attirer particulièrement leur attention sur le passage où est expliqué de façon très claire et très complète la formation de la gamme japonaise suivant le système employé au Gagakudjo (école de musique sacrée). A notre connaissance, ce point important n'a jusqu'à présent été traité dans aucune publication européenne (2).

---

(1) Cette dernière comprend, entre autres choses, 30 planches hors texte venant compléter la description d'une très belle collection d'instruments de musique rassemblée par M. Leroux.

(2) Notons cependant que dans un récent et très intéressant ouvrage consacré à la Musique chinoise, M. Louis Laloy étudie, avec beaucoup de compétence et de pénétration, la gamme en usage dans l'Empire du Milieu, qui a servi de type à la gamme japonaise. Il montre que la gamme chinoise est elle-même dérivée de la gamme pythagoricienne.

Un tableau pourvu de disques mobiles, traduction exacte de celui employé au Japon, est donné dans le fascicule annexé au présent bulletin et permet de mieux saisir, de mettre en application les indications du texte.

Ajoutons enfin qu'en dehors de ses autres mérites, la savante étude de M. Ch. Leroux nous a paru présenter un particulier intérêt d'actualité, au moment où une musique militaire japonaise se fait entendre quotidiennement, avec grand succès, à l'Exposition Anglo-Japonaise de Londres (1).

N. D. L. R.

ÉTUDE SUR LA MUSIQUE CLASSIQUE JAPONAISE
École du Gagakudjo

La musique classique japonaise fut importée de Chine, où, environ 2.250 ans avant J.-C., ce pays possédait un système musical très complet, dont les règles parfaitement établies avaient *non seulement le pouvoir de dompter les bêtes féroces, mais encore de faire régner la bonne intelligence parmi les hauts fonctionnaires.*

Dans la musique chinoise, il y a une expression en usage : kung 宮, shang 商, chiao 角, chih 徵, yu 羽, qui se traduit dans la musique japonaise par : kiu 宮, shô 商, kaku 角, chi 徵, oo 羽, connue sous le nom de go sei ou go nin (cinq sons) et correspondant à do-ré-mi-sol-la. C'est la base de la musique chinoise ; cela a existé de tout temps.

Bien que, dans la théorie, les go sei parussent suffisants, dans la pratique, il fallut intercaler des demi-tons :

En Chine : pien-kung 變宮 et pien-chih 變徵

Au Japon : hen 變 et ei 嬰

La place occupée par les demi-tons varie selon que ceux-ci appartiennent au mode majeur rio sen 呂旋, ou au mode mineur, ritsu sen 律旋.

Les caractères idéographiques ou signes de musique appelés à tenir l'emploi de notes, dans la musique classique japonaise, sont au nombre de 12 et forment à peu près 12 demi-tons. En Chine, chacun de ces signes correspond à une lune, ou mois de l'année ; au Japon, — et contrairement à ce que certains auteurs ont affirmé — ces caractères n'ont pas cette signification ou du moins, ils ne l'ont plus depuis la vingtième année du règne de l'Impératrice Japonaise Suiko-Tenno (613 ans après J.-C.) ; ces signes se nomment :

---

(1) *M. Ch. Leroux nous écrit, à la date du 27 juin 1910 : « Je viens de recevoir une lettre d'un de mes élèves japonais M. K. Nagaï, chef de musique, qui, actuellement à l'Exposition de Londres, dirige une musique composée de 34 musiciens de l'Empire du Soleil Levant. Ils ont beaucoup de succès, paraît-il, et sont souvent bissés. J'en suis heureux pour eux. »*

Itchikotsu 壹越, dankin 斷金, hiôjô 平調, schôzetsu 勝絶, shimomu 下無, sôjô 雙調, fushô 危鐘, oshiki 黄鐘 rankei 鸞鏡 banshiki 盤渉 shinsen 神仙 kamimu 上無.

On les rencontrera plus loin dans la description d'un instrument de musique appelé shô 笙 ainsi que dans celle qui sera donnée des diapasons ; pour le moment, on va voir quel rôle ces caractères jouent dans la gamme japonaise.

De la gamme japonaise

La gamme japonaise n'est qu'une succession de quintes ascendantes et de quartes descendantes.

Au Japon, il y a en musique une expression courante : junpachi giyaku-roku ; ce qui revient à dire que la huitième directe est l'addition d'une quinte, et que la sixième inverse est la soustraction d'une quarte.

Le tableau ci-contre (voir planche III), en usage dans la musique classique et qui sert à trouver les tonalités japonaises, donnera l'explication de cette expression junpachi giyakuroku. Ce tableau offre l'aspect d'une rosace composée de six circonférences concentriques, divisée en parties égales par douze rayons.

Au centre est fixé un disque en carton pivotant sur lui-même et sur lequel sont écrits les signes kiu 宮, shô 商, kaku 角, chi 徴, u 羽, c'est-à-dire les cinq sons go sei auxquels s'ajoutent les deux autres signes hen 變 et eï 嬰 : deux demi-tons ; puis, plus haut et presque au centre du disque les signes rio 呂 majeur et ritsu 律 mineur.

Un autre disque également à pivot recouvre le précédent, mais permet au moyen de huit petites lunettes découpées, de lire soit dans le mode majeur, soit dans le mode mineur, les signes formant ces modes et inscrits sur le disque inférieur.

Dans la rosace on lit les signes suivants :

Au-dessus de la première circonférence (la plus petite) les signes indiquant les douze demi-tons de la gamme japonaise, itchikotsu 壹越, dankin 斷金, hiôjô 平調, shozetsu 勝絶, shimomu 下無, sôjô 雙調, fushô 危鐘, oshiki 黄鐘, rankei 鸞鏡, banshiki 盤渉, shinsen 神仙, kamimu 上無.

Au-dessus de la deuxième circonférence, les signes figurant les lunes chinoises (mois de l'année ou les douze lu — diapasons chinois), savoir :

Koshô 黃鐘, taïrio 大呂, taïsoku 太簇, kioschô 夾鐘, kosen 姑洗, chuirio 仲呂, suishin 蕤賓, rinsbô 林鐘, isoku 夷則, nanrio 南呂, bucki 無射, oshô 應鐘.

Au-dessus de la troisième circonférence, les notes étrangères qui correspondent à ces signes.

Au-dessus de la quatrième circonférence, les signes et les notes correspondants fournis par le shô 笙 instrument de la musique classique.

Au-dessus de la cinquième circonférence, les signes et les notes correspondants fournis par le bichiriki 篳篥, instrument de la musique classique.

Au-dessus de la sixième circonférence, les signes et les notes correspondants fournis par le koma buye, l'oteki et le kagura buye, trois flûtes également en usage dans la musique classique.

Avec ce dispositif, voici comment on obtient une gamme :

Pour former la gamme majeure (riosen 呂旋) en prenant itchikotsu 壹越 (ré) comme tonique, on part de ce signe sur la rosace et on compte jusqu'à huit de droite à gauche c'est-à-dire sur itchikotsu 壹越, dankin 斷金, hiôjô 平調, shozetsu 勝絶, shimomu 下無, sôjô 雙調, fushô 危鐘 ; on obtient ainsi oshiki 黃鐘 (la) première quinte ascendante, puis de cette note on retourne en arrière, soit de gauche à droite en comptant jusqu'à six, c'est-à-dire sur oshiki 黃鐘, fushô 危鐘, sôjô 雙調, shimomu 下無, shozetsu 勝絶, on aura de cette façon hiôjô 平調 (mi), première quarte descendante.

De cette note on monte de huit degrés et on obtient : banshiki 盤涉 (si), deuxième quinte ascendante ; puis on descend de six degrés pour arriver à shimomu 下無 (fa♯) deuxième quarte descendante ; on monte encore de huit degrés pour obtenir kamimu 上無 (do♯), troisième quinte ascendante ; on redescend de six degrés pour avoir fushô 危鐘 (sol♯), troisième quarte descendante.

Placées sur la portée, ces notes établissent ainsi la gamme de ré majeur :

Pour démontrer que cette gamme est établie selon les règles, on emploie alors les disques mobiles qui se trouvent au centre de la rosace.

I. — Pour le mode majeur RIO 呂

, On place le disque supérieur sur le disque inférieur de telle façon qu'au moyen des lunettes qui y sont pratiquées, les huit signes rio 呂, kiu 宮, shô 商, kaku 角, hen-chi 變徵, chi 徵, u 羽, hen-kiu 變宮, apparaissent.

Le premier signe rio 呂 indique le mode majeur.

Et, en faisant tourner sur eux-mêmes les deux disques ainsi disposés on placera :

kiu 宮	au-dessus de itchikotsu 壹越	qui donnera	»
shô 商	»	hiôjò 平調	»
kaku 角	»	shimomu 下無	»
hen-chi 變徵	»	fushô 危鐘	»
chi 徵	»	oshiki 黃鐘	»
u 羽	»	banshiki 盤渉	»
hen-kiu 變宮	»	kamimu 上無	»
kiu 宮	»	itchikotsu 壹越	»

A cette seule différence que la quarte de cette gamme est une quarte augmentée, la gamme japonaise majeure rio 呂 est semblable à notre gamme diatonique du même mode.

II. — Pour le mode mineur RITSU 律

On fait pivoter le disque supérieur sur le disque inférieur, de façon à découvrir le signe ritsu 律 et, comme conséquence, kiu 宮, shô 商, eï-shô 嬰商, kaku 角, chi 徵, u 羽, eï-u 嬰羽.

En raison du même principe que ci-dessus, le signe ritsu 律 indiquera le mode mineur. On fera alors tourner les disques en plaçant :

kiu	宮	au-dessus de	itchikotsu	壹越	qui donnera
shô	商	»	hiôjô	平調	»
eï-shô	嬰商	»	shozetsu	勝絶	»
kaku	角	»	sôjô	雙調	»
chi	徴	»	oshiki	黄鐘	»
u	羽	»	banshiki	盤渉	»
eï-u	嬰羽	»	shinsen	神仙	»
kiu	宮	»	itchikotsu	壹越	»

Dans cette échelle on trouve un demi-ton du mi au fa, et un autre du si au do ; ce dernier demi-ton eï-u 嬰羽 vient de kaku 角 (sol) par la sixième directe ; quant à l'autre demi-ton eï-shô 嬰商, il vient de eï u 嬰羽 (do) par la huitième inverse.

On se trouve donc théoriquement en présence d'une gamme mineure comportant une sixte majeure. Dans la pratique, et surtout dans les chants sans accompagnement, ce sixième degré baisse, descend naturellement et le mode mineur est entendu comme si la gamme était formée ainsi :

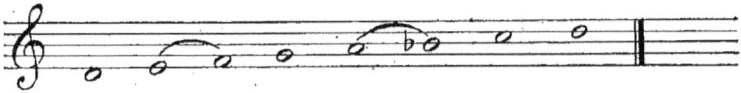

NOTATION MUSICALE

Les signes employés pour la notation sont placés verticalement, ils se lisent comme l'écriture japonaise de haut en bas et de droite à gauche. La notation dont on se sert pour les parties instrumentales n'est pas la même que celle des parties de chant proprement dites ; pour ces dernières, on écrit tout d'abord le caractère idéographique qui sert de point de départ au morceau de musique ; entre deux caractères se trouvent, selon la phraséologie musicale, des lignes droites, courbes, brisées, des demi-cercles des petits ronds, des points.

Les paroles figurent à la droite des caractères ; le signe 百 (shaku) qui veut dire cent, indique un coup de grosse caisse. Les ronds et les points marquent la mesure et, selon la place qu'ils occupent, correspondent à peu près à quatre temps (yo bioshi) à six temps (mu bioshi), à huit temps (ya bioshi).

Les temps sont marqués par un instrument appelé Shakubioshi, espèce de castagnettes se composant de trois planchettes de bois dur en forme de spatules réunies par une ficelle. Un petit tambour (Taïkô) remplit également le même office.

Dans la partie confiée aux musiciens qui accompagnent, on ne rencontre plus les caractères itchikotsu 壹越 dankin 斷金 hiôjô 平調 etc., qui sont employés dans la partie de chant, mais d'autres signes de forme et de nom différents, donnant la même note.

Exemple : la note ré, s'écrira ainsi :

Pour le chant		itchikotsu 壹越
» shô		bô 几
» hichiriki		roku 六
» koma-buye	Instruments	ge 丁
» kagura-buye		kan 于
» l'oteki		roku 六

Sur les parties d'accompagnement, les points.. et les shaku qui ont pour mission de préciser le rythme, figurent à la droite des signes de notation, alors que, sur la gauche, l'instrumentiste peut suivre les paroles écrites en Katakana (écriture phonétique).

En dehors des instruments dont on vient de parler, deux instruments à cordes complètent l'orchestre, ce sont : le Biwa, instrument à quatre cordes pincées par un plectre et le Koto, instrument à treize cordes pincées par les trois premiers doigts de la main droite munis d'onglets (Tsume).

Itchikotsu-Chio 1ᵉ Corde   2ᵉ Corde   3ᵉ Corde   4ᵉ Corde

Itchikotsu-Chio 壹越調
1 2 3 4 0 1 2 3 4 0 1 2 3 4 1 2 3 4 5 0 1 2 3 4

Sōyō 雙調

Hiôjô 平調

Oshiki Chio 黃鐘調

Banshiki Chio 盤涉調

Siui-Dio 水調

Tons du Koto 箏

Itchikotsu Chio (Riosen) majeur 壹越調
1 2 3 4 5 6 7 8 9 10 11 12 13

Sōyō - Riosen 雙調

Hiôjô Ritsu-sen (mineur) 平調

Oshiki Chio Ritsu-sen 黃鐘調

Banshiki Chio Ritsu-sen 盤涉調

Sui-Dio 水調

Taisiki 大食

Les tableaux suivants donneront l'accord et l'étendue de ces deux instru-ments ainsi que l'étendue des flûtes et du Hichiriki.

Étendue du Hichiriki 篳篥

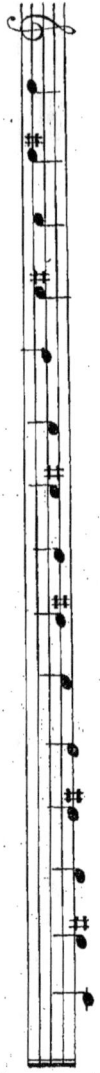

Étendue du Kagura Buye 神楽笛

Étendue de l'Otehi 横笛

Étendue du Kosma Buye (Flûte Coréenne) 高麗笛

Description du SHO 笙

Il a été dit au commencement de ce travail, qu'un instrument appelé
« Shô », est en usage dans la musique classique, où il joue un rôle assez
important en raison des accords qu'il produit.

Voici la description de cet instrument :

Le Ho Shô est un instrument de musique de To (ancien nom par lequel les
Chinois désignaient autrefois leur pays) ; il a été importé de Chine et se compose de dix-sept tubes faits de tiges de bambou mâle pour les uns et femelle
pour les autres et qui pousse dans les vallées froides ; quand on se sert de
bambou mâle il est toujours dépouillé de son écorce ; le bambou femelle est
employé tel qu'on le coupe. Les tubes sont, dans le même instrument, de
différentes grosseurs ; le diamètre varie de $0^m,007$ à $0^m,01$; à chaque nœud
on perce intérieurement les cloisons, on aplatit ensuite les tubes des deux
côtés et on les range dans une boîte A (Voir planche I) circulaire, en bois,
généralement laquée. Cette boîte se nomme kashira, hauteur 2 suns ($0^m,06$),
profondeur 1 sun 1/2 ($0^m,046$) ; diamètre extérieur 2 suns 2 bu (0,066). Au
centre du kashira, se trouve une petite colonne faite en bois ou en corne
d'hippopotame ; la partie supérieure est aplatie et percée de 17 trous en nid
d'abeilles d'où vient son nom hatchi no su (nid d'abeilles). Ces trous sont des-
tinés à recevoir les tubes. Une embouchure appelée fuki-gutchi (souffler-
bouche) est fixée sur le kashira, à peu près à demi-hauteur ; ses dimensions
sont de 1 sun 1/2 de longueur ($0^m,046$), sur 8 bus de largeur ($0^m,02$). L'embouchure B est, bien entendu, percée d'un trou qui a 4 bus de hauteur sur
2 de largeur ; ce trou est entouré d'une plaque en argent.

Les tubes ont les dimensions suivantes :

Les 2 grands C lg. 1 shaku 2 ou 3 suns (1) ($0^m,363$ ou 393). Diam. $0^m,0115$.
Les 4 suivants D lg. 5 suns de moins ($0^m,272$). 　　　　　　　 »　　　　 »
Les 4　　»　　E　»　2 suns 8 bus de moins ($0^m,187$).　　　 »　　　　 »
Les 4　　»　　G　»　2 suns 4 bus de moins ($0^m,0114$).　　　 »　　　　 »
Les 3　　»　　(sakawa) H lg. 2 suns de moins ($0^m,054$).　　 »　　　　 »

Ces derniers portent un chapeau en argent.

A 4 suns (0,121) au-dessus de la partie circulaire du kashira se trouve une
ceinture I (obi) en argent qui relie les 17 tubes.

Quand on regarde l'embouchure sur le côté droit et à la partie supérieure
du kashira on aperçoit un vide d'environ 8 bus ($8^m,024$) entre les tubes.
Quand on regarde ce vide, les tubes se numérotent en commençant par celui
de gauche suivant le tableau ci-après :

---

(1) Le shaku est une mesure de longueur, il en existe deux espèces : le shaku-
kujira qui est employé seulement pour mesurer la soie et les étoffes, et le shaku-kane
qui est en usage pour toutes les autres mesures. Il faut 3 shaku-kane 3 suns pour faire
un mètre ; le shaku-kujira est de 2 suns plus grand que le skaku-kane.

Nᵒˢ des tubes	Noms.		Caractères correspondants		Notes qu'ils donnent
1	Sen	千	Shimomu	下 無	
2	Ju	十	Sôjô	雙 調	
3	Ge	下	Shimomu	下 無	
4	Otsu	乙	Hiôjô	平 調	
5	Ku	工	Kamimu	上 無	
6	Bi	美	Fushô	㒵 鐘	
7	Ichi	一	Banshiki	盤 涉	
8	Hachi	八	Hiôjô	平 調	
9 (factice)	Ya		(Néant)		
10	Gon	工	Kamimu	上 無	
11	Shin	乇	Banshiki	盤 涉	
12	Gio	扝	Oshiki	黃 鐘	
13	Jô	上	Itchikotsu	壹 越	
14	Bô	凢	Itchikotsu	壹 越	
15	Kotsu	乞	Oshiki	黃 鐘	
16 (factice)	Mô		(Néant)		
17	Ki	比	Shinsen	神 仙	

A l'extrémité inférieure de chaque tube est fixé un morceau de bambou laqué et doré généralement, K, qui mesure 1 sun 6 à 7 bus (0ᵐ,033-0ᵐ,036) ; cette partie qui est amincie, afin de recevoir l'anche qui disparaît dans la caisse A, kashira, se nomme ne tsugni take.

Chaque tube, à l'exception de ceux portant les numéros 9 et 16 est percé d'un trou rond sur la face extérieure ou intérieure et d'un trou long sur la face intérieure ; en outre, deux des sakawa (petits tubes), sont percés d'un trou long sur la face extérieure.

Les trous longitudinaux percés soit à l'extérieur soit à l'intérieur, portent le nom de heijô.

Noms des Gôkan		Sons principaux et Nᵒˢ des Tubes		Sons accompagnateurs et Nᵒˢ des Tubes				
Kotsa	乜	Kotsu	15	Shti 七 11	Gio 行 12	Hatchi ハ 8	Otsu 乙 4	Sen 千 1
Itchi	一	Itchi	7	Shti " 11	Gio " 12	Bô 凡 14	Otsu " 4	Sen " 1
Ku	エ	Ku	5	Shti " 11	Gio " 12	Bô " 14	Otsu " 4	Bi 美 6
Bô	仉	Bô	14	Shti " 11	Gio " 12	Hatchi ハ 8	Otsu " 4	Sen 千 1
Otsa	乙	Otsu	4	Shti " 11	Gio " 12	Hatchi " 8	Jô 上 13	Sen " 1
Ge	下	Ge	3	Shti " 11	Gio " 12	Bi 美 6	Jô " 13	Sen " 1
Ju (impur)	十	Ju	2	Shti " 11	Gio " 12	Hatchi ハ 8	Jô 上 13	Ge 下 5
Ju (pur)	十 美	Ju	2	Shti " 11	Gio " 12	Hatchi " 8	Jô " 13	"
Bi	行	Bi	6	Shti " 11	Gio " 12	Jô 上 13	Hi 比 17	Sen 千 1
Gio	行	Gio	12	Shti " 11	Gio " 12	Hatchi ハ 8	Sen 千 1	"
Hi	比	Hi	17	Shti " 11	Gio " 12	Jô 上 13	Hatchi ハ 8	Sen 千 1

Pour jouer du shô, on prend l'instrument à deux mains ; le kashira (caisse) dans la paume des mains, les tubes verticaux ; on applique les doigts sur les trous ronds et on souffle dans le **fuki-guchi** (embouchure). L'air passant dans le **kashira**, réparti dans les différents tuyaux, met en vibration les anches correspondant aux tubes sur lesquels les doigts sont posés, puis le son sort par les trous appelés **heijô**.

Les anches n'ont pas toutes les mêmes dimensions : l'anche de **kotsu** (15e tube) a 8 bus de longueur ($0^m,024$) sur 5 rins de largeur ($0^m,0075$) ; à partir de kotsu, les anches vont en diminuant jusqu'au premier tube **sen** qui a 4 bus de longueur ($0^m,012$) et 1 rin d'épaisseur ($0^m,0015$). Les tubes ya et mô (9 et 16) sont factices et ne portent pas d'anches.

Pour fabriquer l'anche on prend du cuivre sonore ; on découpe au milieu de l'extrémité supérieure une languette qui est amincie à sa partie libre. Sur leur face, les anches sont enduites d'une composition minérale bleuâtre ; à l'extrémité supérieure de la languette se trouve une goutte de cire L ; plus la goutte est petite, plus le son est pur (aigu), plus la goutte est grosse, plus le son est impur (grave).

L'anche est fixée au tube par de la cire. Elle vibre par aspiration et par expiration, elle est d'une grande sensibilité et il faut veiller à ce qu'elle soit toujours enduite de la composition bleue, et munie de sa petite goutte de cire.

Un son ne doit jamais être produit isolément, il doit toujours être accompagné de 3, de 4 ou même de 5 sons ; cette réunion de sons se nomme **gokan** (réunion de tubes).

Les gokan sont au nombre de 11, savoir : **kotsu, ichi, ku, bô, otsu, ge, ju pur, ju impur, bi, gio** et **hi** (voir page 48).

Le gokan de **gio** est rarement employé, il est remplacé par celui de **kotsu**. Comme on le verra plus loin, kotsu étant l'octave inférieure de gio, il n'existe réellement que 9 sons principaux.

Il y a 3 sons qui reçoivent la qualification de **ko** c'est-à-dire sons fondamentaux générateurs, et 3 autres sons, celle de **otsu** sons secondaires dérivés.

Les 3 tubes qui reçoivent la qualification de **kô** sont : **jô** (13), **hachi** (8), **sen** (1).

Les 3 tubes qui reçoivent la qualification de **otsu** sont : **kotsu** (15), **ichi** (7), **ku** (5).

Avant de jouer le **shô**, il faut le soumettre à l'action de la chaleur en le tournant dans tous les sens pour chasser l'humidité. Pour en jouer, on tient, comme nous l'avons dit, la caisse dans les deux mains, le **fuki-guchi** (embouchure) appliqué sur la bouche de l'exécutant ; introduire l'index de la main droite dans le vide et l'appliquer sur les trous intérieurs des 3 tubes **ge** (3), **otsu** (4), **hi** (17) ; le pouce de la même main doit s'appliquer sur la partie extérieure et boucher les trous correspondant aux tubes **sen** (1), **ju** (2), et **ku** (5).

Main gauche : le pouce doit boucher les trous des tubes **bi** (6) **itchi** (7) et **hachi** (8) ; l'annulaire fait le même office sur **jô** (13), **bô** (14) et **kotsu** (15) ; l'index doit boucher **shti** (11) et le médius **gio** (12). Les doigts qui s'appliquent sur sthi et gio seuls ne bougent pas, parce que ces 2 sons figurent dans tous les **Gokan**.

Le tube **gon** (10) est bouché par le pouce de la main gauche, ce tube n'est employé que pour prendre l'accord, et non dans l'exécution des morceaux. La

— 14 —

la tête et le corps doivent être droits, les coudes tombant naturellement, la respiration sans secousse, l'esprit calme et tranquille.

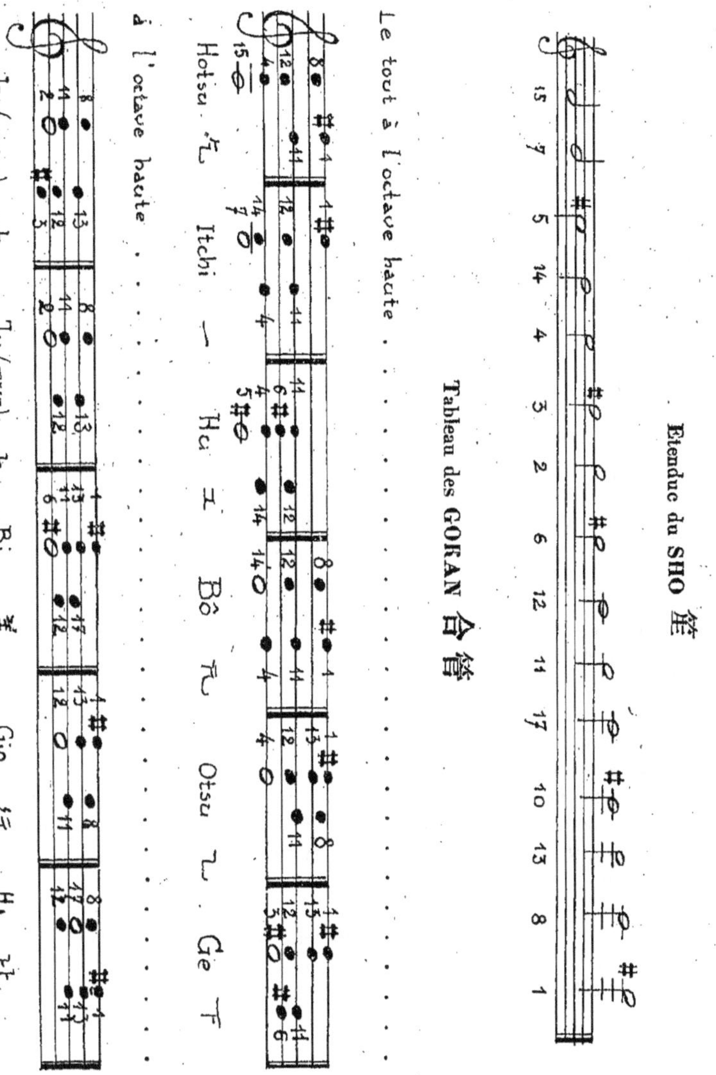

Etendue du **SHO** 笙

Tableau des **GORAN** 合管

On remarquera que chaque note est surmontée d'un chiffre qui donne le numéro du tube qui la produit, le son principal est représenté par la ronde.

Toutes ces notes se faisant entendre simultanément produisent des dissonnances qui, n'étant nullement préparées, ne sont guère agréables pour des oreilles européennes.

C'est grâce à l'obligeance de M. Shiba, musicien de l'orchestre particulier de S. M. l'Empereur, que nous avons pu mener à bien la description de cet instrument original, le Shô ; nous lui adressons ici l'expression de notre sincère reconnaissance.

Description des diapasons

En faisant ci-après la description des diapasons japonais on sera à même de comparer les sons qu'ils donnent avec l'échelle musicale fournie par le shô 笙 .

Semblables aux **Lu** 呂 chinois (1) ils sont au nombre de 12 et donnent à peu près les 12 demi-tons de notre gamme chromatique.

Comment de Chine les lu sont-ils venus au Japon ? On ne peut le préciser ; cependant, au dire de certains, notamment des musiciens du **Gagakujo** (École de musique sacrée) les diapasons ont existé de tout temps au Japon et ce n'est que depuis environ 260 ans qu'ils sont munis d'anches en cuivre. Cette modification fut introduite par le nommé **shiba-hiro**, musicien de la Cour.

Les diapasons de la musique classique **choshi-buye** 調子笛 sont faits en bambou, les tubes bouchés à leur extrémité du côté de l'anche, ne diffèrent entre eux que par la longueur, la position et la dimension de l'anche (Planche II, figure 1, diapasons dans leur boîte, figure 2, diapasons vus isolément).

A $0^m,007$ au-dessus de la base et d'un côté du tube se trouve une ouverture rectangulaire, dans laquelle l'anche vient s'encadrer.

Cette dernière est faite comme celle du **shô**, avec cette différence qu'elle n'est ni recouverte de pierre bleue, ni fixée avec de la cire, ni munie d'une goutte de cire sur sa partie libre. A environ $0^m,05$ au-dessus de l'extrémité inférieure du tube se trouve écrit le caractère chinois qui donne le nom de la note.

Nous donnons dans le tableau ci-dessous les dimensions de chacun des tubes et les noms japonais des notes qu'ils produisent en prenant comme point de départ le tube le plus long.

_____

(1) Les **Lu** sont une série de tubes en bambou dont on attribue l'invention à l'empereur **Huang-Ti** (2697 avant J.-C.), qui prescrivit à l'un de ses ministres **Ling-Lun** de se rendre dans la ville de **Tashia** située à l'ouest des monts **Kuen-Lun** (l'Olympe de la Chine) pour rapporter à son maître 12 bambous qui, coupés à différentes longueurs, donnèrent des sons différents ; ces tubes reçurent le nom de **lu**, c'est-à-dire lois, principes, diapasons (_Van Aalrt Shanghaï_ 1884).

Nº des Tubes	Noms			Dimensions	
				longueur	Diamètre
1	Itchikotsu	壹	越	0 mt 2 01	0 mt 0 1 0 5
2	Dankin	斷	金	0 , 1 9 2	0 , 0 1 0 5
3	Hiôjô	干	調	0 , 1 8 6	0 , 0 1 0 5
4	Shozetsu	勝	絶	0 , 1 7 8	0 , 0 1 0 5
5	Shimomu	下	無	0 , 1 7	0 , 0 1 0 5
6	Sôjô	雙	調	0 , 1 6 2	0 , 0 1 0 5
7	Fushô	㒵	鐘	0 , 1 5 5	0 , 0 1 0 5
8	Oshiki	黄	鐘	0 , 1 4 8	0 , 0 1 0 5
9	Rankei	鸞	鏡	0 , 1 4	0 , 0 1 0 5
10	Banshiki	盤	渉	0 , 1 3 3	0 , 0 1 0 5
11	Shinsen	神	仙	0 , 1 2 5	0 , 0 1 0 5
12	Kamimu	上	無	0 , 1 1 8	0 , 0 1 0 5

Ainsi qu'on le voit par la planche II (fig. 1), cette échelle dont le premier échelon porte le nom de ré naturel itchikotsu, quatrième ligne de la clef de sol, parcourt chromatiquement les notes comprises entre ce ré et la septième majeure au-dessus, c'est-à-dire do ♯ dernier échelon. On se sert de ces diapasons en mettant l'anche en vibration soit par inspiration soit par aspiration.

On remarquera également que le tube oshiki donne à l'octave supérieure le la du diapason A = 870.

Le dessin qui se trouve en haut et à gauche de la planche II (fig. 3) représente le diapason populaire ; il se compose de 6 tubes en bambou réunis entre eux par une petite tige en acier sur laquelle ils pivotent ; ces tubes qui mesurent 0m,068 de longueur et 0m,008 de diamètre sont percés aux deux extrémités et sur une de leurs faces latérales ; à cet endroit ils sont munis d'anches libres qui sont mises en vibration par aspiration. Ces 6 tubes pouvant vibrer par le sommet et par la base, donnent les 12 sons des diapasons classiques dont nous avons fait la description plus haut ; ils sont accouplés comme il suit :

Nº des tubes	Noms			Notes qu'ils donnent.
1	Itchikotsu	壹	越	
	Fushô	亭	鐘	
2	Dankin	斷	金	
	Oshiki	黄	鐘	
3	Hiôjô	平	調	
	Rankei	鸞	鏡	
4	Shozetsu	勝	絶	
	Banshiki	盤	涉	
5	Shimomu	下	無	
	Shinsen	神	仙	
6	Sôjô	曼	調	
	Kamimu		無	

Voici une comparaison des sons produits par la shô avec ceux obtenus par les diapasons ;

Il résulte de ce rapprochement, que dans les diapasons de la musique classique on rencontre trois notes qui n'existent pas dans le shô; ce sont : dankin (ré ♯), shozetsu (fa ♮), rankei (la ♯).

Pour terminer cette étude on va présenter deux pièces de musique classique Senzaï et Mushiroda entendues au Gagadudjo et qui ont été exécutées par les musiciens ordinaire de S. M. l'Empereur du Japon.

Ces morceaux sont reproduits ci-contre en caractères japonais et chinois, avec la traduction en musique européenne.

Enfin les quelques notes ci-après puisées dans divers documents feront connaître l'origine et le caractère de cette musique dont le sens archaïque n'échappera pas au lecteur.

SENZAI 千歲 (genre KAGURA) 神樂

A l'origine, cette pièce se nommait Kami asobi (pour amuser les dieux); plus tard elle fut appelée kagura.

C'est une musique divine originaire du Japon; elle a fait son apparition dans les temps les plus reculés.

Le chant (uta) y occupe la place principale, il est accompagné par le koto japonais (yamato koto). C'est un instrument à 13 cordes, pincées par les 3 premiers doigts de la main droite munis d'onglets (thume); ces onglets sont faits en ivoire et fixés aux doigts par de petits cercles de peau.

Bien que cette musique du genre kagura ait subi de nombreuses modifications depuis le commencement du règne de Jimmu-Tenno (1) (660-585 avant J.-C.), elle n'a rien changé à sa forme originale qui avait pour base le chant accompagné par le koto; mais plus tard la flute (fuye) et le hichiriki (sorte de hautbois sans clef) furent ajoutés comme instruments accompagnateurs de la mélodie.

Les chants qui remontent à une époque encore plus ancienne ne sont pas connus; ceux que le gagakudjo possède datent du règne des empereurs Kwammu-Tenno (782-805 après J.-C., ère Eureki) et Ichijô (987-1011 après J.-C., ère Heian).

La pièce Senzaï est un chant de cette époque.

MUSHIRODA 席田 (genre SAÏBARA 催馬樂

Saïbara est un chant connu au Japon depuis des temps très anciens. Tout d'abord, il n'existait pas de lois fixes réglant cette mélodie; ce ne fut qu'à l'époque de Temmu-Tenno (673-689 après J.-C., ère Haku-Hô) qu'on prescrivit les règles arrêtant le mode et l'accord du morceau. Sous le règne de l'empereur Shômu-Tenno (724-748 après J.-C., ère Shinki), un Japonais

(1) Se nommait aussi Yamato no Iware-Hiko premier empereur du Japon (Jimmu Tenno est le nom posthume).

nommé Tenkaï-Mahito, de la province d'Omi, composa pour la première fois un saïbara qu'il nomma mifune (le bateau) ; depuis cette époque et jusqu'à nos jours, le chant saïbara a subi de nombreux changements.

Mushiroda est une pièce originaire du pays de Mino chantée à l'occasion de grandes fêtes (dai joye) célébrées lors du couronnement de l'empereur Yozei-Tenno (877-884 après J.-C., ère Genkei). Dans la province de Mino, il existe une rivière appelée Itsu Noki Gawa, cette rivière traverse un pays nommé Mushiroda ; le nom de ce pays a servi de-titre à cette pièce de musique.

Et maintenant que nous avons présenté ce rapide aperçu sur la musique classique japonaise, nous allons dire quelle impression nous a laissée une audition au Gagakujo.

Tout d'abord, il faut qu'on sache combien il est difficile aux étrangers d'assister à l'une de ces représentations, et bien que faisant partie de la mission militaire française, ce n'est que grâce à l'amabilité si connue de M. Adam Sienkiewicz, alors ministre de France au Japon, qu'il nous a été donné d'assister à une séance où seules les personnes de la Cour forment un entourage à S. M. l'Empereur et à l'Impératrice.

Le spectacle commença vers deux heures et demie de l'après-midi, il se composait de musique avec chants, et de danses anciennes appelées nô, le tout accompagné par des instrumentistes placés sur la scène ; successivement on exécuta :

Isé no umi (la mer d'Isé), poésie qui chante *le plaisir qu'on éprouve en ramassant des pierres précieuses et des coquillages au bord de la mer de la province d'Isé.*

Senzaï et Mushiroda dont il a été parlé au cours de cette étude.

Tchikurin gaku, morceau introduit par un Japonais nommé Jikaku Taïso qui le tenait d'un prêtre bouddhiste vivant à l'époque de Showâ (834 après J.-C.).

Ro-ei qui date de Daïgo Tennô (898-930) après J.-C.).

Puis les danses succédèrent aux chants ; on assista à un ballet appelé Manzaï Raku (plaisir de mille années).

Ce ballet fut composé par l'empereur Yômei Tennô (586-587 après J.-C.), qui, voulant glorifier son règne, faisait représenter ainsi un Phénix descendant du Ciel pour le féliciter. C'était, paraît-il, la tradition quand un Empereur avait bien régné.

On représenta ensuite la danse des papillons Chô, et l'on vit un couple de papillons butiner sur des fleurs. L'auteur est un Japonais nommé Yamachirono.

Après la danse des papillons, on eut la danse des fleurs du jardin du printemps, ballet composé par Kune sanetsugne vers 797 après J.-C.

Les costumes étaient d'une grande richesse et les danses, tout en restant graves et chastes, étaient des plus gracieuses.

Sans vouloir comparer la première danseuse japonaise à notre Zambelli, on peut dire que cette étoile de l'Extrême-Orient possédait un talent remarquable, très personnel.

Que dire des voix et de la musique?

Les premières chantent à l'unisson une sorte de psalmodie se rapprochant du plain chant ; l'étendue de ces voix ne dépasse guère l'intervalle de onzième. Il y a généralement deux chœurs ; le second fait son entrée lorsque le premier a chanté une phrase.

Dans les parties instrumentales chargées de l'accompagnement, le hichiriki et les flûtes jouent presque continuellement à l'unisson, tandis que le kôtô dans le médium et le biwa dans le grave, assurent franchement l'accompagnement. Le shô qui joue dans le registre aigu fait entendre des accords dissonnants (voyez **Gokan**) qui déroutent absolument notre sens musical, et sortent l'auditeur de la voie dans laquelle les chanteurs et les autres instrumentistes l'ont conduit.

Après ces développements une question paraît se poser. Quel est l'avenir de la musique classique?

Il est peu aisé d'y répondre. En effet, quelles sont les modifications qui peuvent être apportées à une école qui, depuis plus de 2000 ans (en dehors de ce qui a trait à la génération des gammes), se présente avec un système dont l'ensemble est si peu en rapport avec les idées occidentales ?

Et ces traditions paraissent d'autant moins devoir se perdre qu'au Gagakudjo les musiciens se succèdent de père en fils et que tous ont pour mission de maintenir intact l'héritage musical légué par leurs ancêtres. On peut cependant exprimer le vœu que par le contact immédial des musiciens européens, les Japonais si prompts à s'assimiler toutes choses feront un effort pour sortir du cercle dans lequel ils sont enfermés.

Cette évolution pourrait, à notre sens, se faire surtout par l'intermédiaire de l'Institut de musique, fondé vers 1880 et qui enseigne depuis cette époque, par les méthodes modernes, le solfège, le chant, la flûte, le violon, le piano, l'harmonium, etc. en même temps qu'il enseigne aussi les divers instruments japonais en usage dans la musique populaire et ..... la morale qui, on le sait, fait partie au Japon de l'enseignement musical.

ANGERS. — IMPRIMERIE ORIENTALE A. BURDIN ET Cⁱᵉ, 4, RUE GARNIER

COMPLÉMENT A L'ARTICLE DE M. CH. LEROUX
SUR LA MUSIQUE JAPONAISE CLASSIQUE
in *Bulletin de la Société Franco-Japonaise, n° XIX-XX*

L'interprétation des paroles des deux chants dont M. Leroux donne la transcription à la suite de son étude sur la *Musique japonaise classique*, n'est pas des plus aisées, non seulement pour un Français, mais même pour beaucoup de Japonais de nos jours. La difficulté tient, d'une part, à l'ancienneté de ces textes (composés vers le VIIIᵉ ou le IXᵉ siècle de notre ère), de l'autre, à leur brièveté. Ils ne peuvent, en effet, prendre tout leur sens que par le développement des cérémonies au cours desquelles il en était fait un usage déterminé par la liturgie. Nous devons donc des remerciements particuliers à M. T. Osoumi, secrétaire-interprète de la Société, qui a bien voulu en préparer la traduction ci-après. Seules les études philologiques qu'il a poursuivies à l'Université impériale de Tôkyô lui ont permis de mener sa tâche à bonne fin.

MUSHIRODA

GENRE SAIBARA (danse shintoïste, mode dérivé de la danse Kagura).

Mushiroda no ya	Rizières de la plaine de Mushiroda
Mushiroda no	Rizières aux teintes d'or,
Itsunukikawa nu ya	Sur les bords de la rivière Itsunuki
Sumu tsuru no	Les Grues amies, les Grues fidèles
Sumu tsuru no ya	Viendront et reviendront ici
Sumu tsuru no	Mille ans, éternellement,
Chitose wo kanete zo	S'ébattre et se jouer dans les airs.
Asobia aheru	
Yorotzu yo kanete zo	
Asobia aheru	

Mushiroda est l'ancien nom d'une région où le riz était cultivé en grande abondance. On ignore d'ailleurs l'emplacement exact de cette région. On sait seulement qu'elle était située dans la province actuelle de Mino qui, aujourd'hui encore, reste une grande productrice de riz. Les encyclopédies japonaises ne permettent pas non plus d'identifier le nom d'Itsunuki avec celui d'une rivière connue de nos jours.

Dans l'ancienne zoomythie japonaise, comme dans celle de la Chine, la grue (considérée comme l'oiseau qui s'élève le plus haut dans les airs) est le symbole du principe céleste ; par opposition le principe terrestre est représenté par la tortue.

Au temps présent, ce chant de *Mushiroda* paraît être encore en usage dans certains cas, notamment lors de la fête du riz, *Daï Joye*, le 17 octobre.

SENZAI

GENRE KAGURA (danse-pantomime shintoïste).

Sen'zaï sen'zaï	[Vive le Japon] mille ans, mille ans,
Sen'zaï ya	mille ans !
Chitose no sen'zaï ya	Mille fois mille ans !
Man'zaï man'zaï	[Vive le Japon] dix mille ans, dix mille
Man'zaï ya	ans, dix mille ans !
Yorozu yo no man'zaï ya	Dix mille fois dix mille ans.
Na wo sen'zaï	Encore mille ans.
Na wo man'zaï	Encore dix mille ans.

Senzai, Manzai, sont, en réalité, le même vocable que Banzaï, bien connu par l'expression « Nippon Banzaï » : Vive le Japon dans les siècles des siècles.

Dans le chapitre VI (culte) de l'intéressant petit livre qu'il a publié sur le shintoïsme, résumé d'un ouvrage considérable consacré au même sujet, M. W. G. Aston donne la définition suivante du mot *kagura* :

« Le *kagura*, ou danse pantomime, avec masques et musique représentant quelque épisode des récits mythiques, a formé, à toutes les époques un élément important des fêtes religieuses du shintoïsme, et comme dans d'autres pays, a donné naissance au drame profane. »

Ailleurs, dans le livre précité, l'auteur donne du même terme cette définition abrégée : le *kagura*, pantomime sacrée.

Citons encore celle-ci, figurant dans le dictionnaire japonais-français de Pagès : *Cagura*, danses et chants qui s'exécutent devant le *Cami*.

Au cours de son important ouvrage sur *le Japon*, M. le marquis de la Mazelière s'exprime ainsi : « Pour compléter cette courte histoire de la musique japonaise, il faudrait pouvoir en donner la théorie. Malheureusement, cette théorie est encore à faire » (t. III, p. 580).

La savante étude de M. Ch. Leroux répond, tout au moins, en partie à ce *desideratum* et nous nous félicitons particulièrement d'avoir pu en donner la primeur à nos lecteurs.

Au début du passage précité de son livre, M. le marquis de la Mazelière donne, sur le sujet traité, quelques indications bibliographiques qu'il ne parait pas inutile de reproduire ci-après :

Transactions of the Asiatic Society, Japan :
F. T. PIGOTT, *Music of the Japanese* (XIX, 2).
Rev. VEEDER (VII, 2).
Dr DU BOIS (XIX, 2).
G. G. KNOTT (XIX, 2), plus nombre d'articles dans des Revues anglaises, allemandes et françaises. Les citations de Dazai sont tirées de l'article de R. S. KIRBY, *Dazai on Japanese Music* (t. A. S. J., XXVIII).

Nous citerons encore l'article *Music*, dans les *Things Japanese* de M. Basil Hall CHAMBERLAIN ; le *Voyage autour du Globe* (Japon), de M. J. EGGERMONT (pp. 257-259, 272-276, 402, 432-435) et, spécialement, le chapitre « Music »

(t. II. p. 358-377) dans le récent et très remarquable ouvrage publié sous la direction du Comte Okuma, *Fifty years of New Japan*, édité à Londres par M. Marcus B. Huish, vice-président de la Japan Society.

Ce chapitre est dû à la plume compétente de M. Suyéharu Togi. Bornons-nous à en citer ce passage :

Période de Heian 784-1186.

« Il est permis de dire que c'est durant l'époque Heian (784-1186) que le développement musical au Japon a atteint son degré le plus élevé, car la plupart des pièces qui sont maintenant regardées comme présentant le plus de valeur au point de vue musical furent composées alors. Après le transfert de la capitale impériale de Nara à Heian (Kyôtô), toute chose demeura pendant un temps telle qu'elle avait été, mais les deux empereurs, Saga et Nimmyô, qui tous deux étaient adonnés à la musique chinoise et très versés dans ses principes, consacrèrent une bonne part de leur temps à étudier la valeur comparée de diverses pièces musicales : ceci eut pour résultat d'amener l'amalgamation des différents éléments de musique, indigènes et étrangers...

Un célèbre prêtre bouddhiste, Kukai (1), introduisit des changements fondamentaux dans les airs de *shomyo*, et une des plus grandes époques dans l'histoire de notre musique nationale fut le résultat de cette transformation.

Ce fut alors (milieu du IXe siècle) que, pour la première fois furent édictés des règlements concernant l'exécution des morceaux de musique (musical performances) dans le *Jokan shiki* (code de lois formé en 869 A. D.) et dans le *Engi shiki* (promulgué en 9J8 A. D.), d'après lesquels le *Kagura* et le *azuma-asobi*, transmis par la tradition depuis des temps immémoriaux, furent réservés pour les jours de fête; tandis que le *kumé-uta* et le *yamato-uta* ne devaient être exécutés qu'à l'occasion de cérémonies. Les instruments de musique dont l'emploi était seul autorisé pour ces exécutions, étaient le *hichiriki*, qui, parmi les instruments de musique chinois, avait le timbre le plus susceptible de s'adapter aux airs adoptés, et la flûte japonaise et le *wagon* (wang gong) (2), dont on avait commencé à jouer, dans l'empire, dès les premières époques de son histoire. Par là, on verra que toute différence entre la musique chinoise et la musique japonaise avait disparu, en tant qu'il s'agit de la modulation (3). »

Mais voici ce que nous pouvons dire en toute sûreté : que la tonalité particulière de notre musique nationale s'est dégagée des notes combinées (mixed notes) du Kagura uta purement indigène, d'une part, et du *Kumé uta* et du

---

(1) 774-835. Papinot.

(2) *Wagon* ワイガン, instrument de musique qui ressemble au rebec ou à la viole. *Dict. Jap. Français*, de Pagès.

Wagon ou *wang gong* est le nom vulgaire du *yamato no koto* ou *koto* à six cordes. J. Eggermont, *le Japon*, p. 138.

(3) A ce sujet, M. Ch. Leroux fait la remarque suivante : « L'auteur veut probablement ici faire allusion aux deux demi-tons qui, introduits par les Chinois, ont disparu chez eux, alors qu'ils ont été maintenus au Japon. »

ta uta (chant accompagnant le *tamai*), de l'autre. Celles-ci cependant furent si bien modifiées par l'influence étrangère au moyen-âge, que toutes leurs notes en sont arrivées à coïncider (agree) exactement avec les cinq principales notes ou échelles (scales) de la musique chinoise, respectivement *Kyu, sho, kaku, cho* et *u* (1).

A cette époque, un genre particulier de représentation d'opéra (operatic performance), connu sous le nom de *saibara*, qui visait, avec succès, à représenter la condition de la société et de l'humanité sous la période Heian, fit son apparition sur la scène. Ce genre avait été populaire à l'époque Nara (2), mais, de bonne heure, pendant la période Heian, où, comme il a été indiqué ci-dessus, de grands changements fondamentaux furent introduits dans le syssystème de la musique en général, ce *saibara* fut remanié sur le modèle de la musique chinoise et se distingua bientôt par sa douceur et son éloquence : cela est tout à l'éloge du goût de la famille Fujiwara, sous les auspices de laquelle la transformation s'est effectuée.

Extrait de l'ouvrage du comte Okuma,
Fifty Years of New Japan (t. II, ch. XIX, p. 363-372);
La Musique, par M. Suyéharu Togi.

*
* *

Au moment de mettre sous presse, nous apprenons que M. le Ministre de l'Instruction Publique vient de conférer à M. Tamezo Ozoumi les palmes d'officier d'Académie.

Nos bien sincères félicitations à notre sympathique et dévoué secrétaire-interprète.

LA RÉDACTION.

(1) Do, ré, mi, sol, la. — C, D, E, G, A.
(2) Rappelons que Nara fut de 709 à 784 la résidence des Empereurs et des Impératrices du Japon.

SENZAI

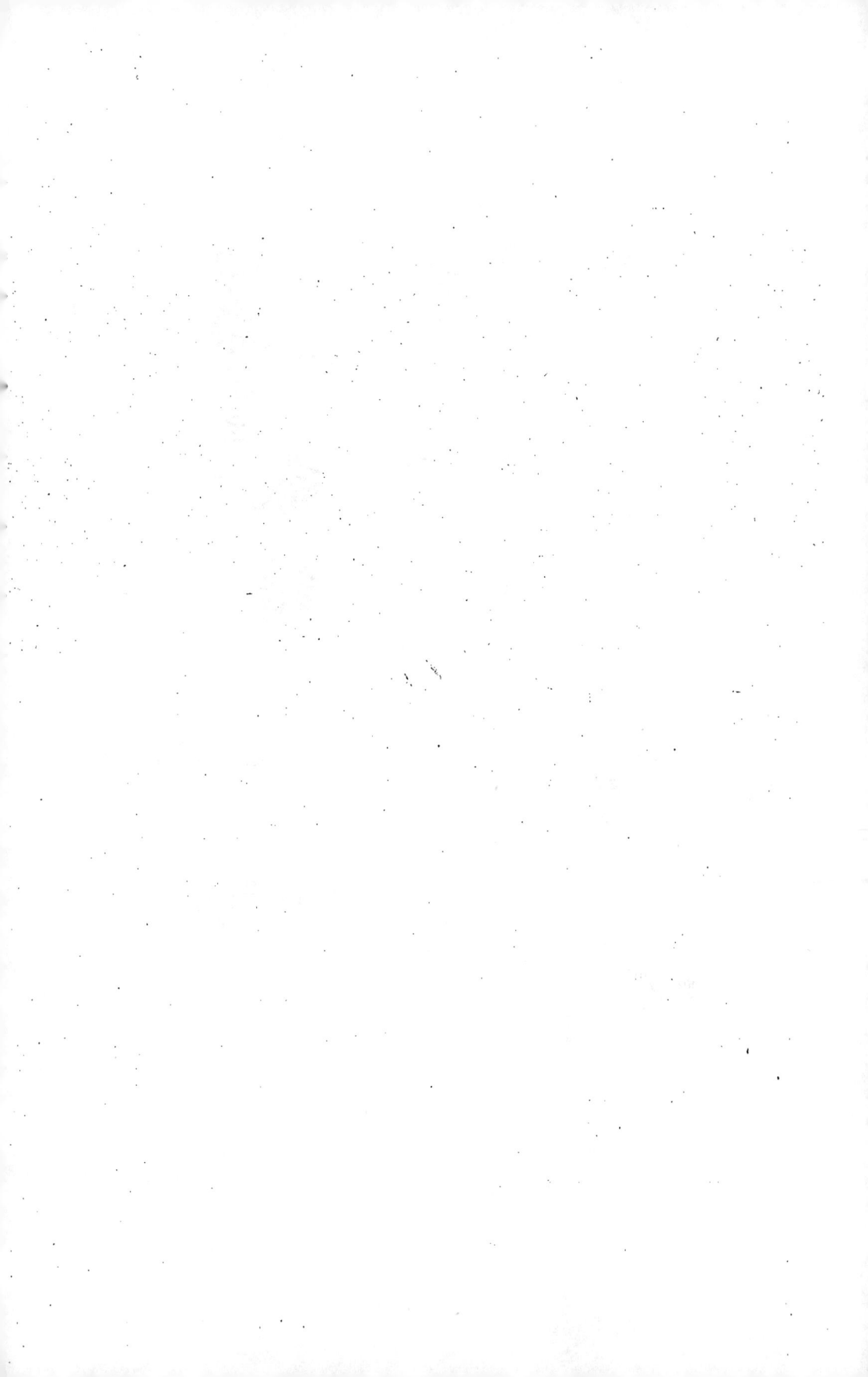

神樂歌之内
千歳譜

SENZAI

(Genre Kagura)

雙
Sôjô

や
セ
se

雙
Sôjô

ン
n

雙
Sôjô
Coup de grosse caisse

百

ザ
za

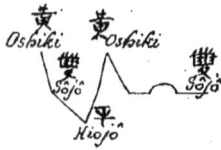

黄
Oshiki 黄 *Oshiki*
雙 雙
Sôjô *Sôjô*
平
Hiojo

イ
i

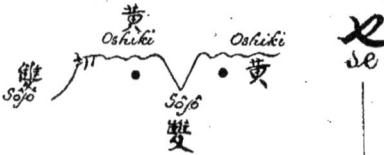

黄
Oshiki *Oshiki*
雙 黄
Sôjô 雙
Sôjô

や
セ
se

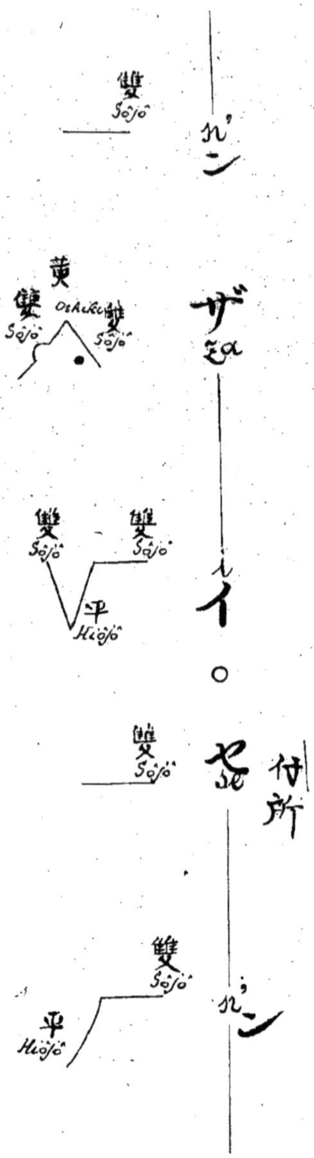
雙 Sôjô
ガン
黄 Oshiki
雙 Sôjô
雙 Sôjô
ザ
雙 Sôjô
雙 Sôjô
平 Hiôjô
イ
雙 Sôjô
セ
付所
雙 Sôjô
平 Hiôjô
ガン

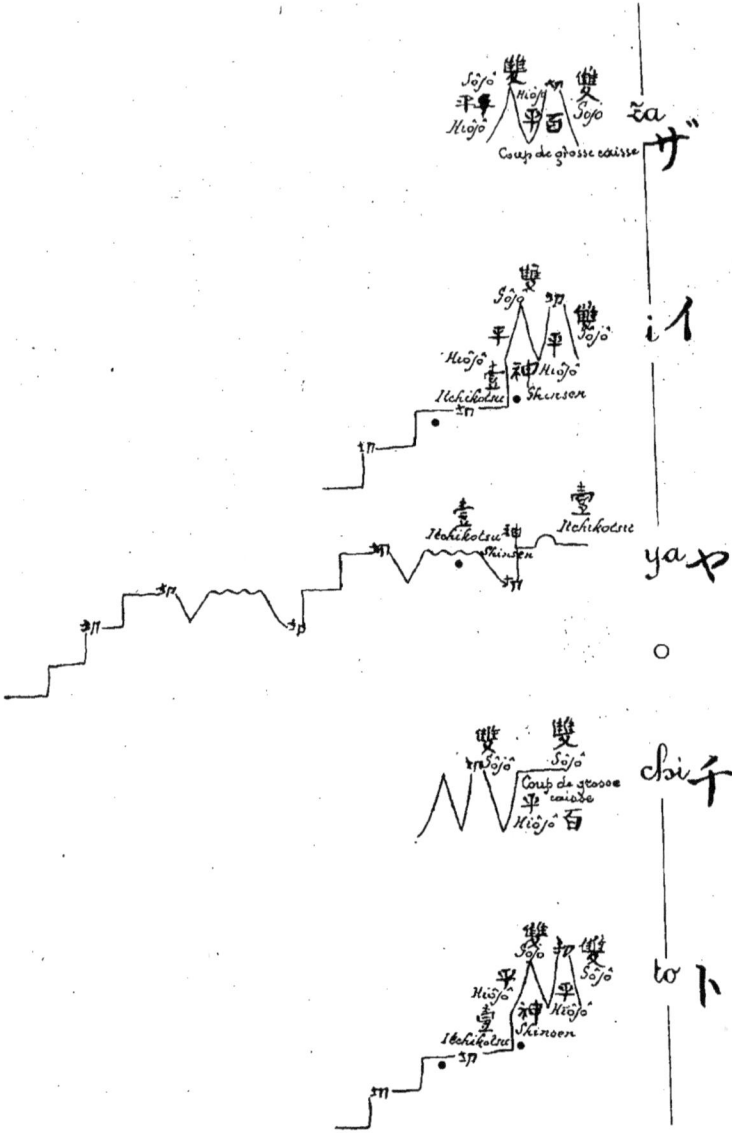

Sǒjǒ 雙　初 Hiǒjǒ　雙 Sǒjǒ
Hiǒjǒ 平　甲 百
Coup de grosse caisse

ザ
za

雙
Sǒjǒ　初
平　平 Hiǒjǒ　雙 Sǒjǒ
Hiǒjǒ　壹 神 Shinsen
Itchikotsu 初

イ
i

壹 神 壹
Itchikotsu Shinsen *Itchikotsu*

ヤ
ya

○

雙　雙
Hiǒjǒ 初　Sǒjǒ
Coup de grosse caisse
平
Hiǒjǒ 百

千
chi

雙　初　雙
Sǒjǒ　Sǒjǒ
平 神 平 Hiǒjǒ
Hiǒjǒ 壹 Shinsen
Itchikotsu 初

ト
to

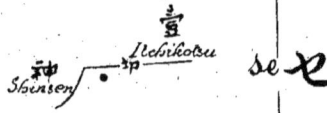

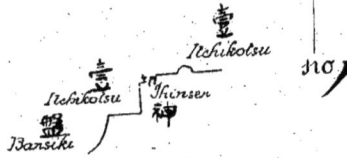

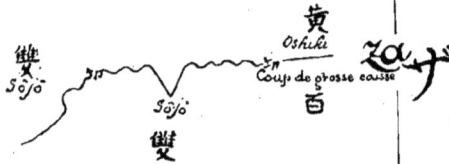

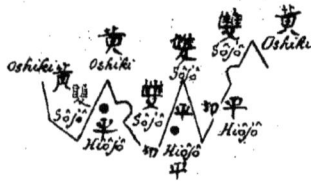

CHITOSE JIMATSU KA

同
末
歌

音振本歌ニ同

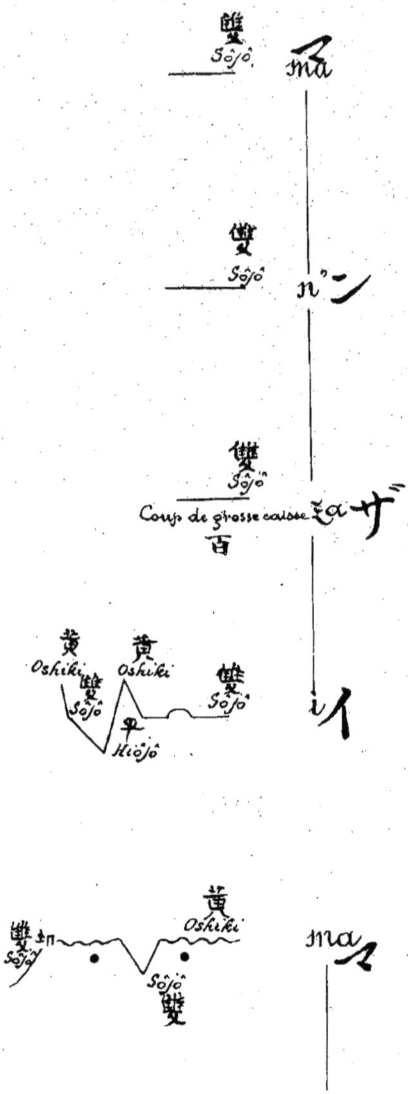

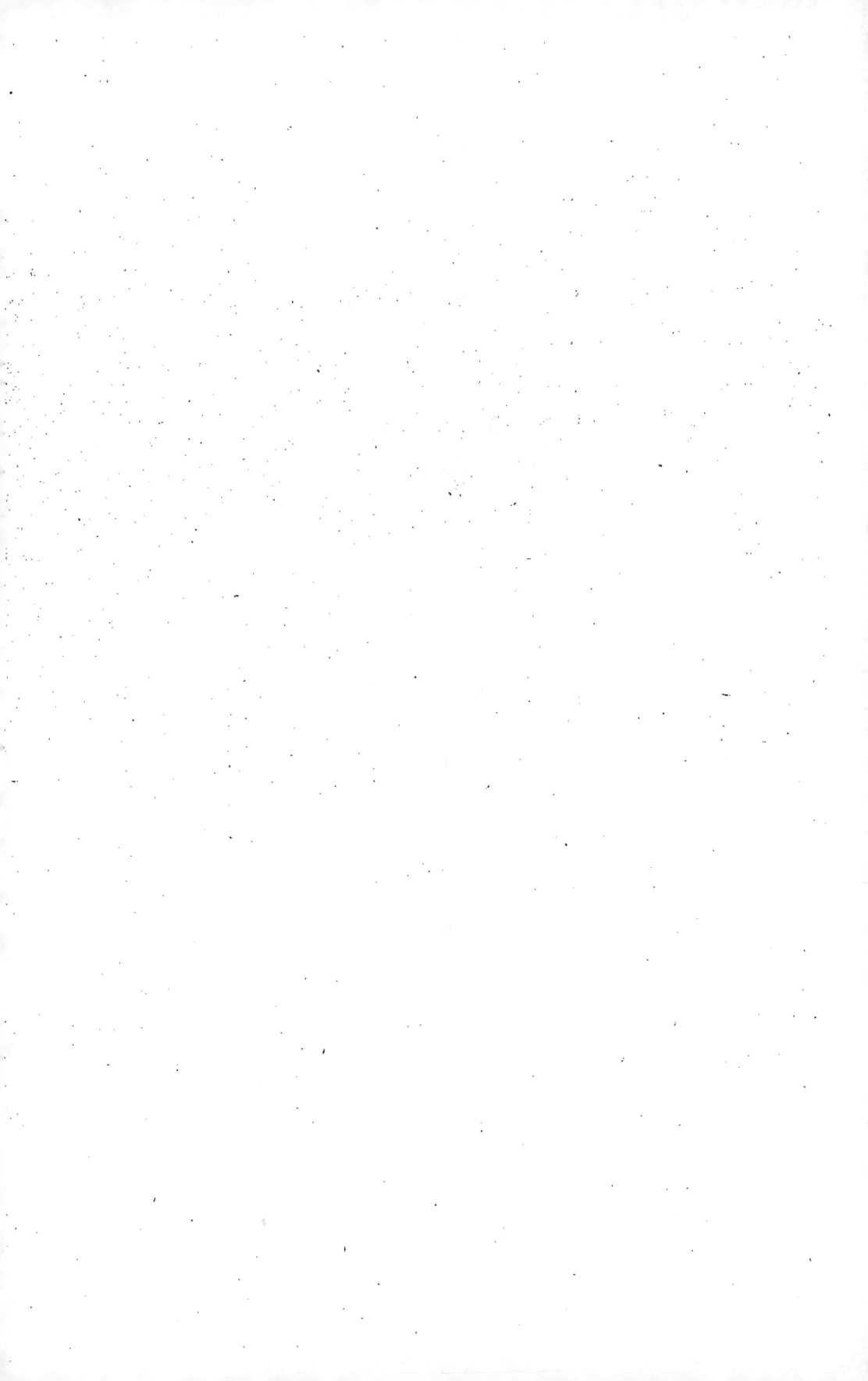

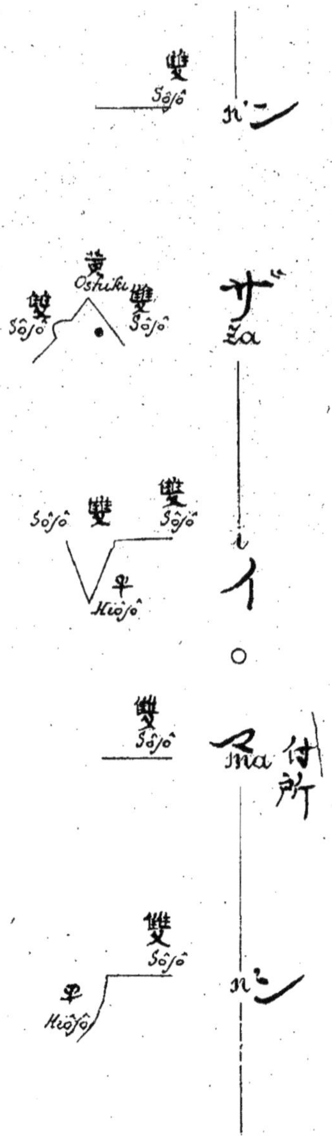

7

雙
Sôjô

ガン

黄
Oshiki
雙　　　雙
Sôjô　*Sôjô*

ザ
Za

雙　　雙
Sôjô　*Sôjô*
Sôjô

平
Hiôjô

イ
。

雙
Sôjô

マ
Ma

付
所

雙
Sôjô

平
Hiôjô

ガン

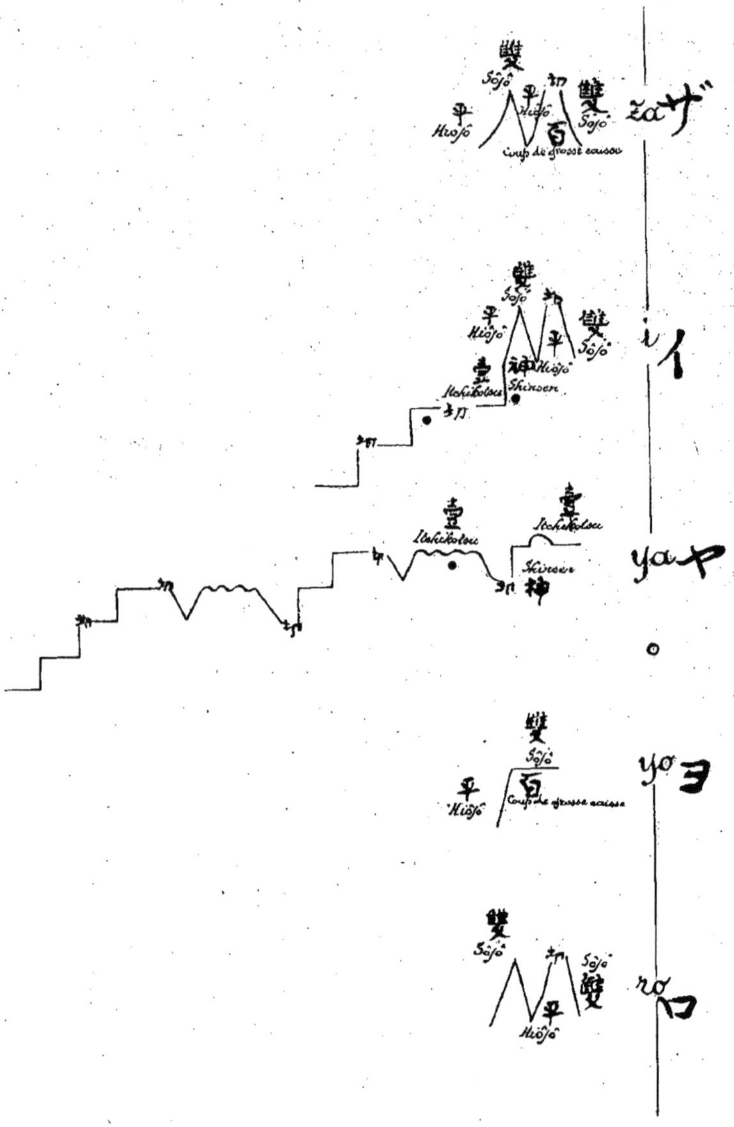

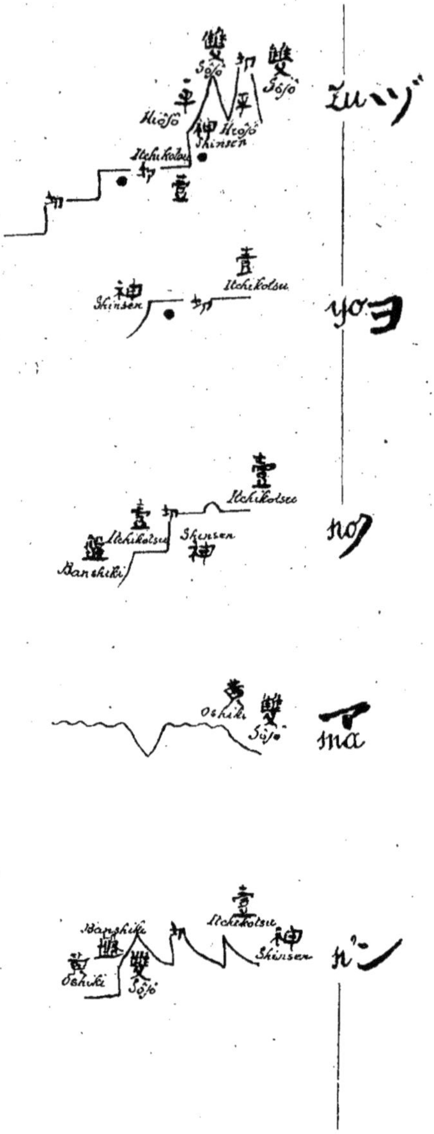

Sôjô
Hiôjô
Shinsen
Ichikotsu
yo ヨ
Banshiki
no
Ôshiki
ア
ma

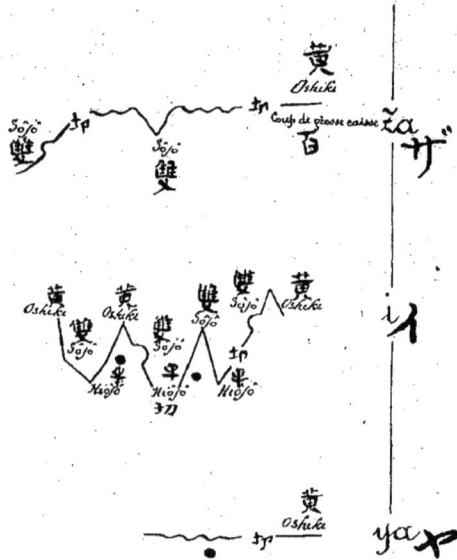

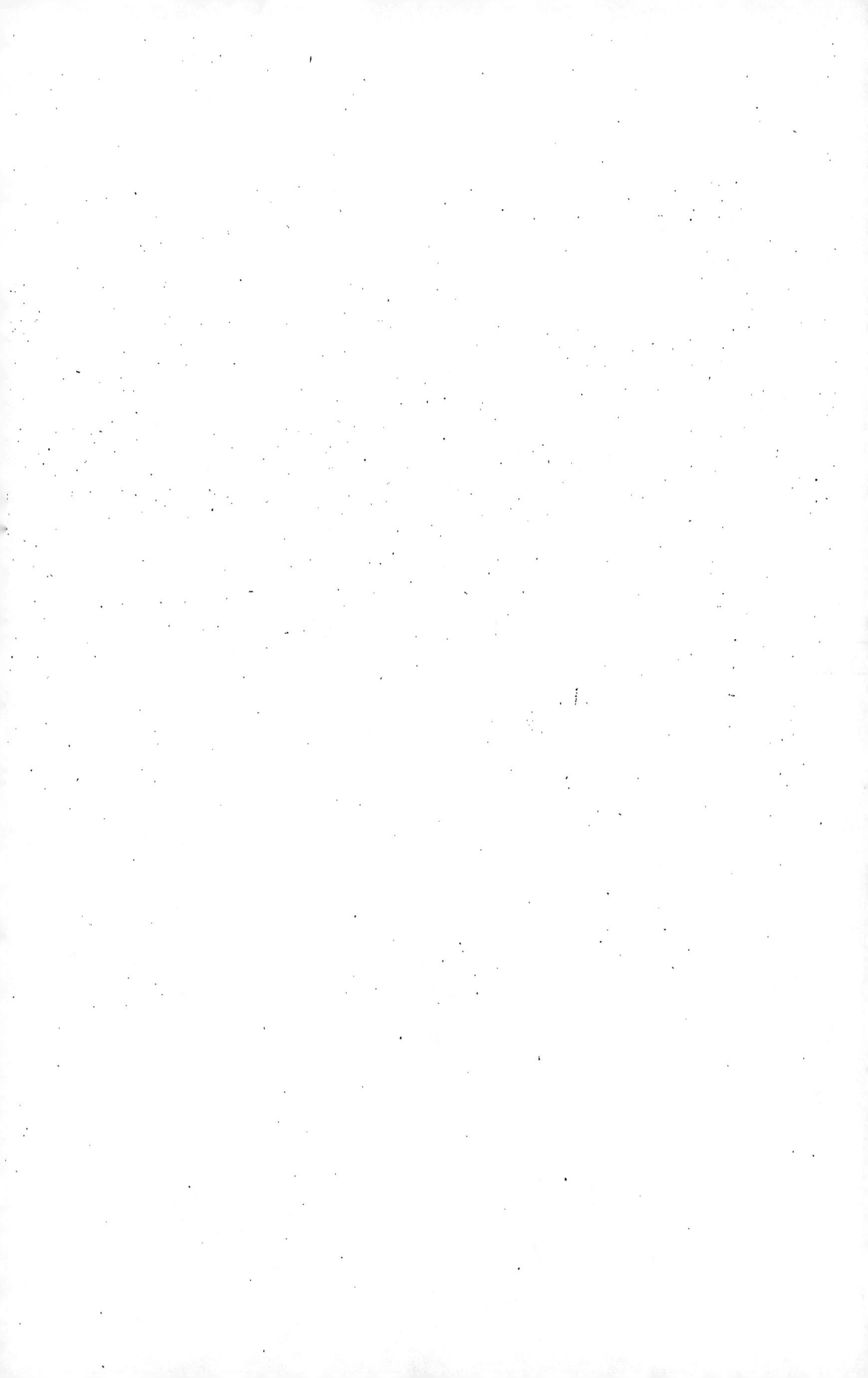

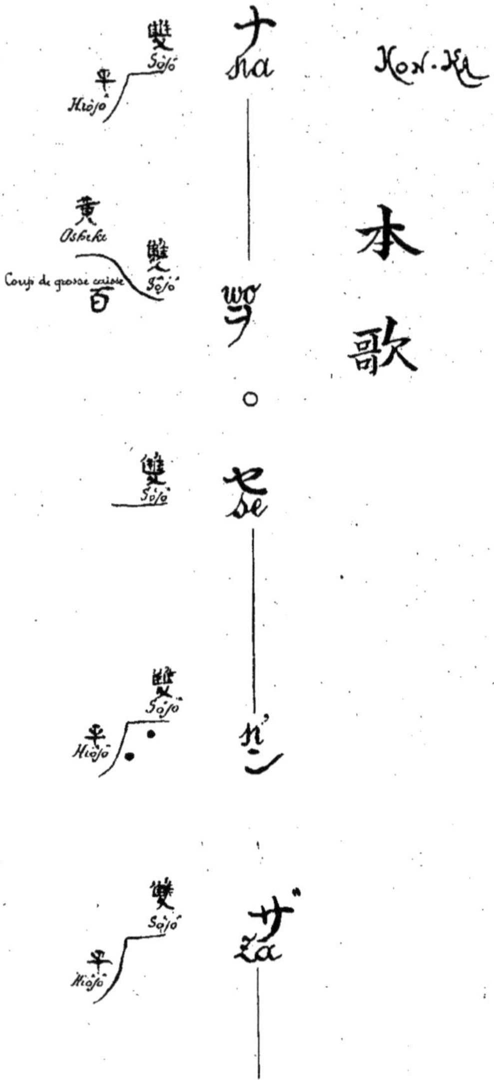

本歌

Kon. Ha

雙 Sōjo
平 Hiōjo　ナ na

黄 Osiki
Coup de grosse caisse
雙 Sōjo　ヲ wo　。

雙 Sōjo　セ ye

雙 Sōjo
平 Hiōjo　ガン

雙 Sōjo
平 Hiōjo　ザ za

黄　
Oshiki　双
Sojo

イ
。

末
歌

MATSU-KA

音振本歌ニ同

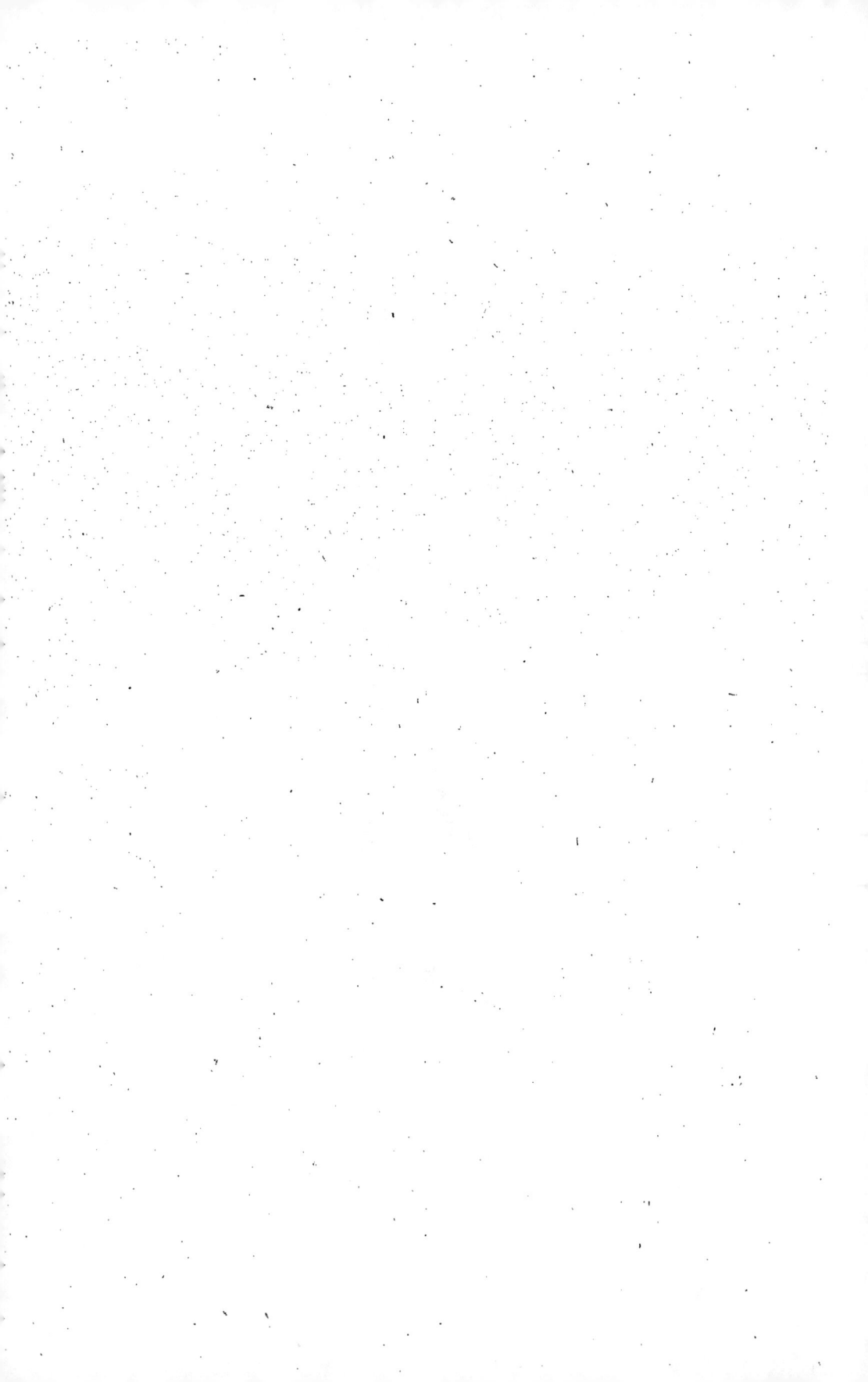

雙
Sōjō

平
Hiōjō

ナ
na

黄
Oshïkï

雙
Sōjō

百
Coup de grosse caisse

ヲ
wo

○

雙
Sōjō

マ
ma

雙
Sōjō

平
Hiōjō

ヘ
n

雙
Sōjō

平
Hiōjō

ザ
za

黄
Oshiki

雙
Sôjô

い
イ

o

MUSHIRODA

催馬樂之内
席田譜

MUSHIRODA

Genre SAIBARA

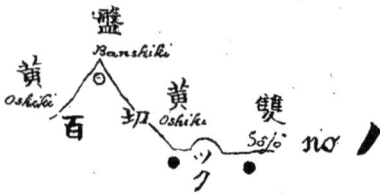

mu ム
雙 Sōjō　平 Hiōjō　壹 Ichikotsu
Tsuku ツク　谷田

shi シ
雙 Sōjō

ro ロ
雙 Sōjō
Coup de grosse caisse
百

da ダ
雙 Sōjō

no 丿
盤 Banshiki
黄 Oshiki　切　黄 Oshiki　雙 Sōjō
百　ツク

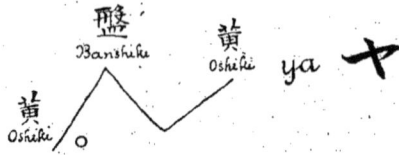 ヤ ya

○

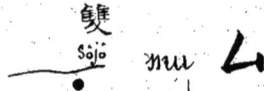 ム mu

 シ si

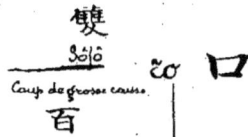 ロ ro

 ダ da

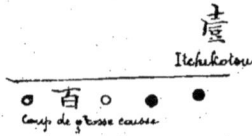

ノ no

イ i

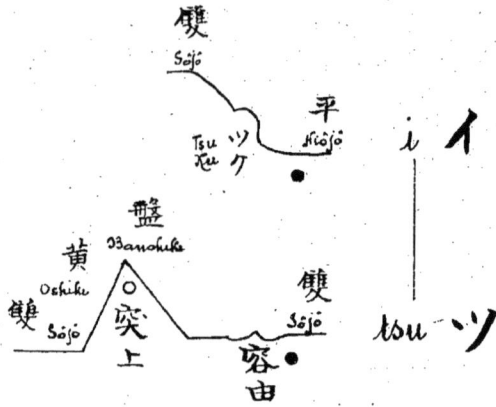

ツ tsu

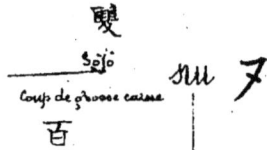

ヌ su

キ ki

ka 力

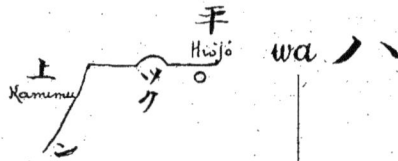

wa ハ

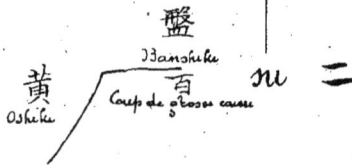

nu ニ

ya ヤ

○

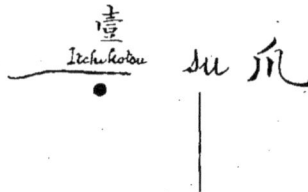

su 爪

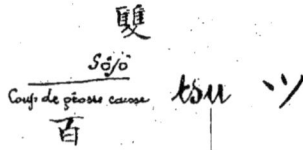

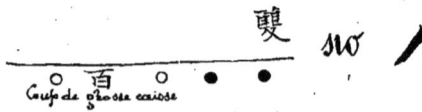

5

壹
Itchikotsu
盤 Banshiki
黄 Oshiki
ツク
容由
ム mu

雙
Sôjô
Coup de grosse caisse
百
ツ tsu

盤 Banshiki
黄 Oshiki
突上
雙 Sôjô
容由
ル ru

雙 Sôjô
Coup de grosse caisse
百
ノ no

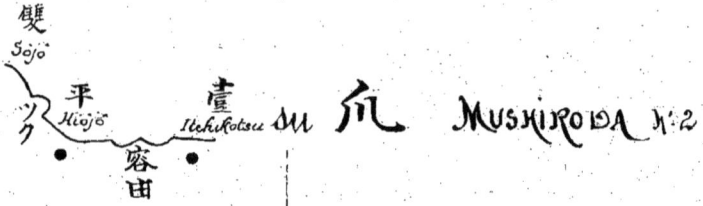

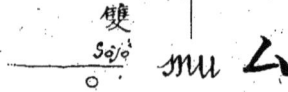

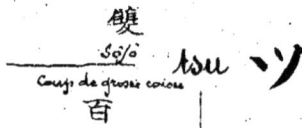

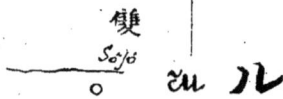

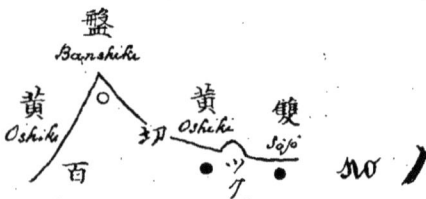

 ya ヤ

○

 su ス

 mu ム

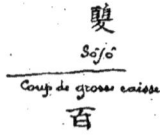 tsu ツ

 ru ル

8

ノ no

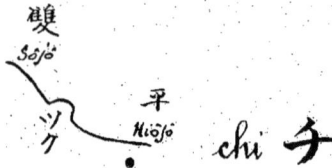

チ chi

ト to

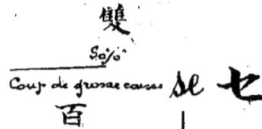

セ se

ヲ wo

ka カ

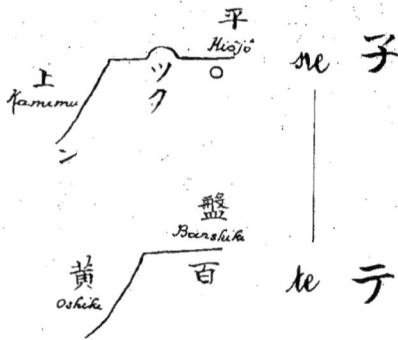

ne 子

te テ

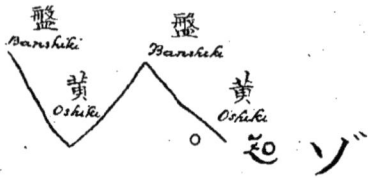

zo ゾ

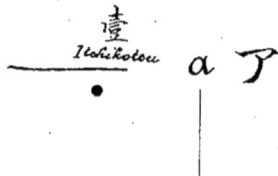

a ア

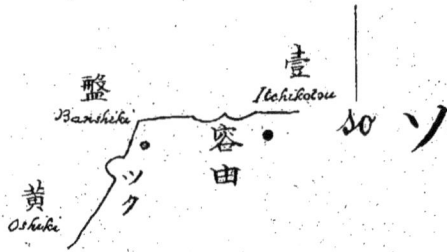

so ソ

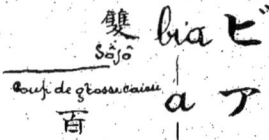

bia ビ
a ア

he ヘ

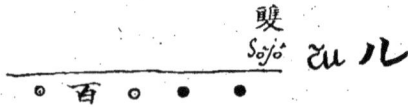

ru ル

○

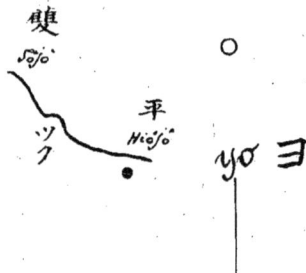

yo ヨ

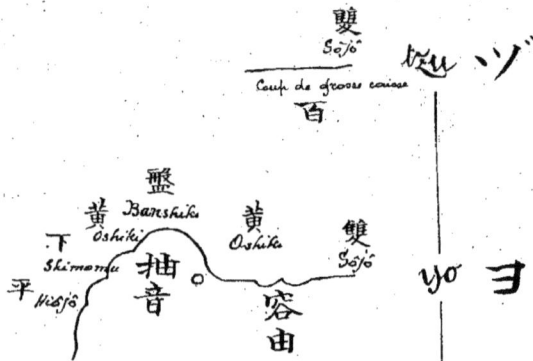

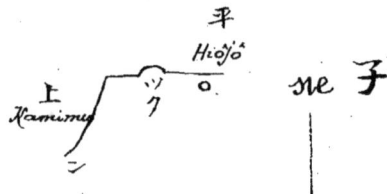

盤渉 Banshiki
黄 Oshiki
百
te テ

盤渉 Banshiki
盤渉 Banshiki
黄 oshiki
黄 Oshiku
そ ゾ

壹鼓 Itchikotōe
a ア

盤渉 Banshiki
壹鼓 Itchikotsu
黄 oshiki
容由
ツク
so ソ

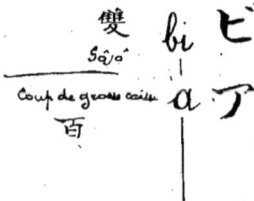

雙 Sôjó
Coup de grosse caisse
百
bi ビ
a ア

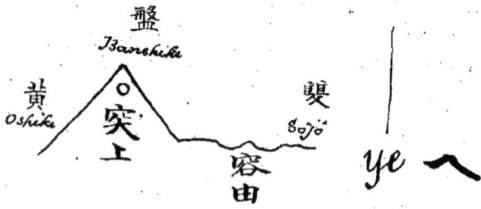

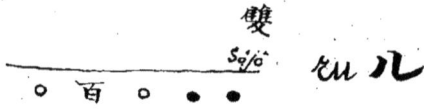

盤渉
Banshiki

黄　　　　突　　　　　　　　　雙
Oshiki　上　　　　容　　　　　*Sōjō*
　　　　　　　　　　　　由

ye　へ

雙
Sōjō

ru　ル

○　百　○　●　●

○

(GENRE SAÏBARA)

MUSHIRODA

N° 2

(GENRE SAÏBARA)

MUSHIRODA

N° 1

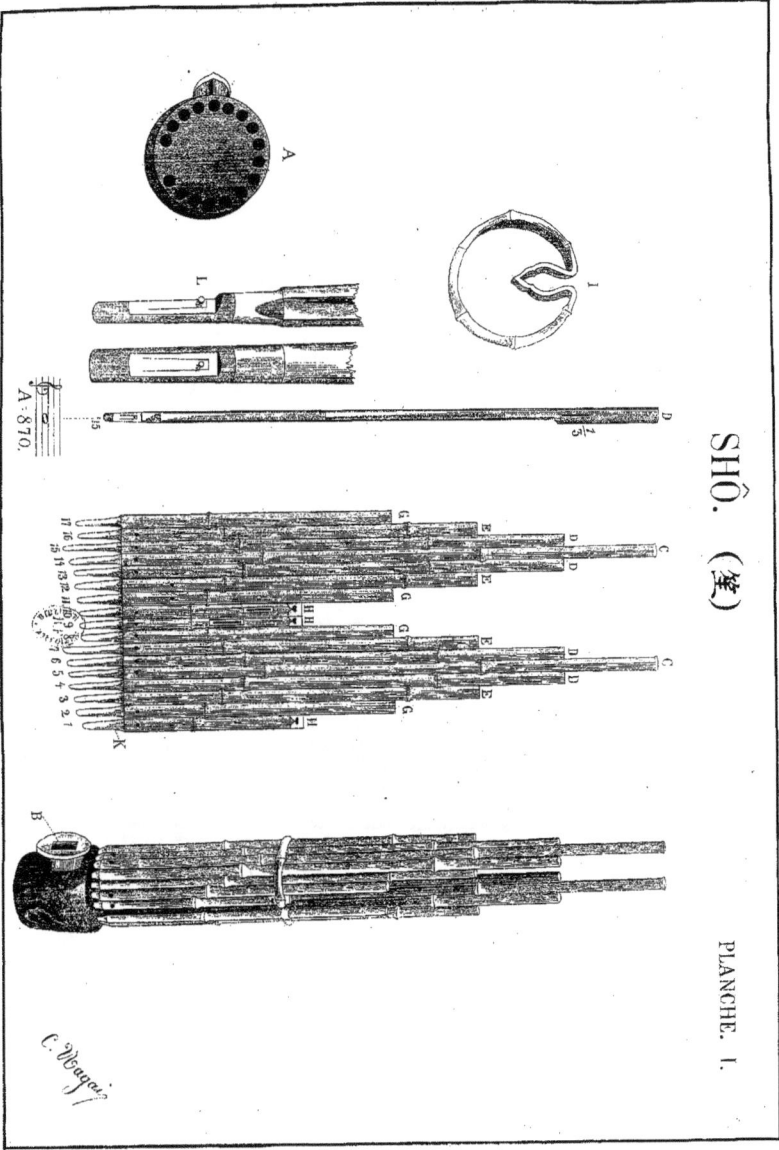

SHÔ. (笙)

PLANCHE. I.

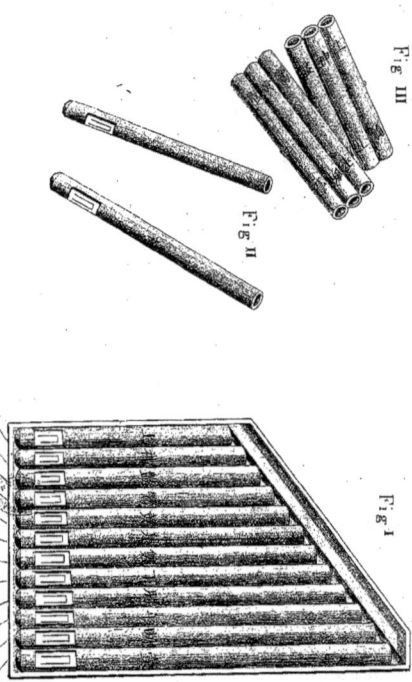

CHOSHI BUYE. (調子笛)

PLANCHE II.

Fig. I

Fig. II

Fig. III

C. Nagai

(GENRE KAGURA)

SENZAÏ

Musique classique

Tableau présentant l'étendue des instruments et des voix

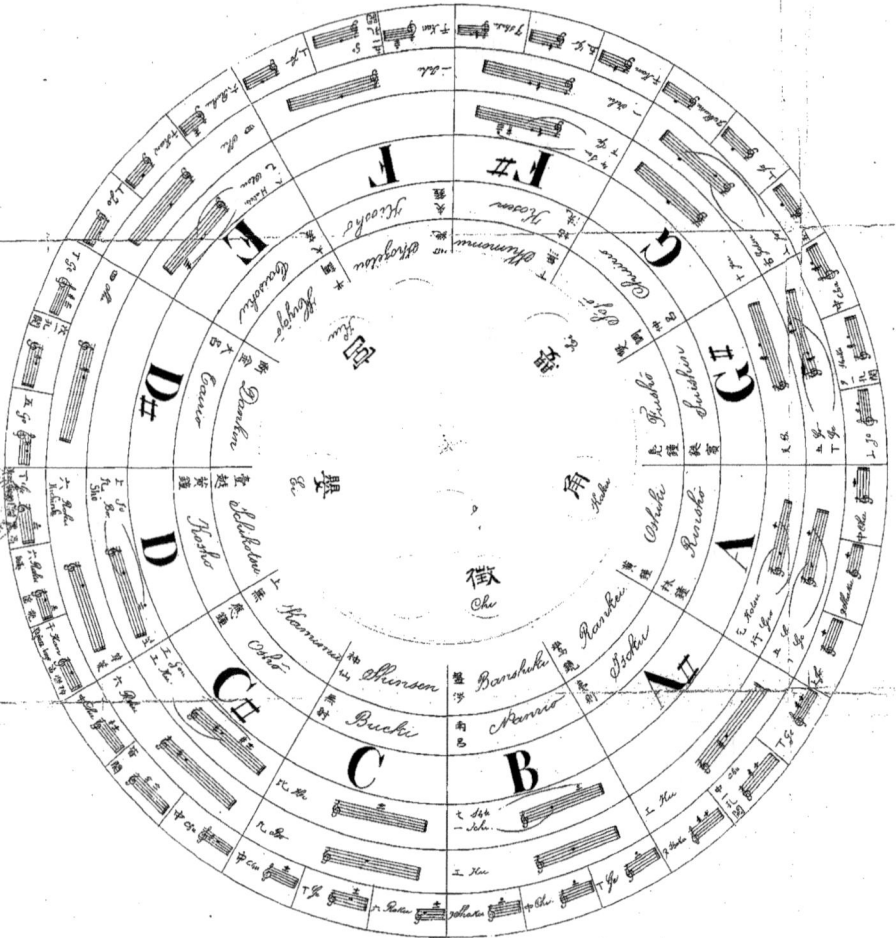

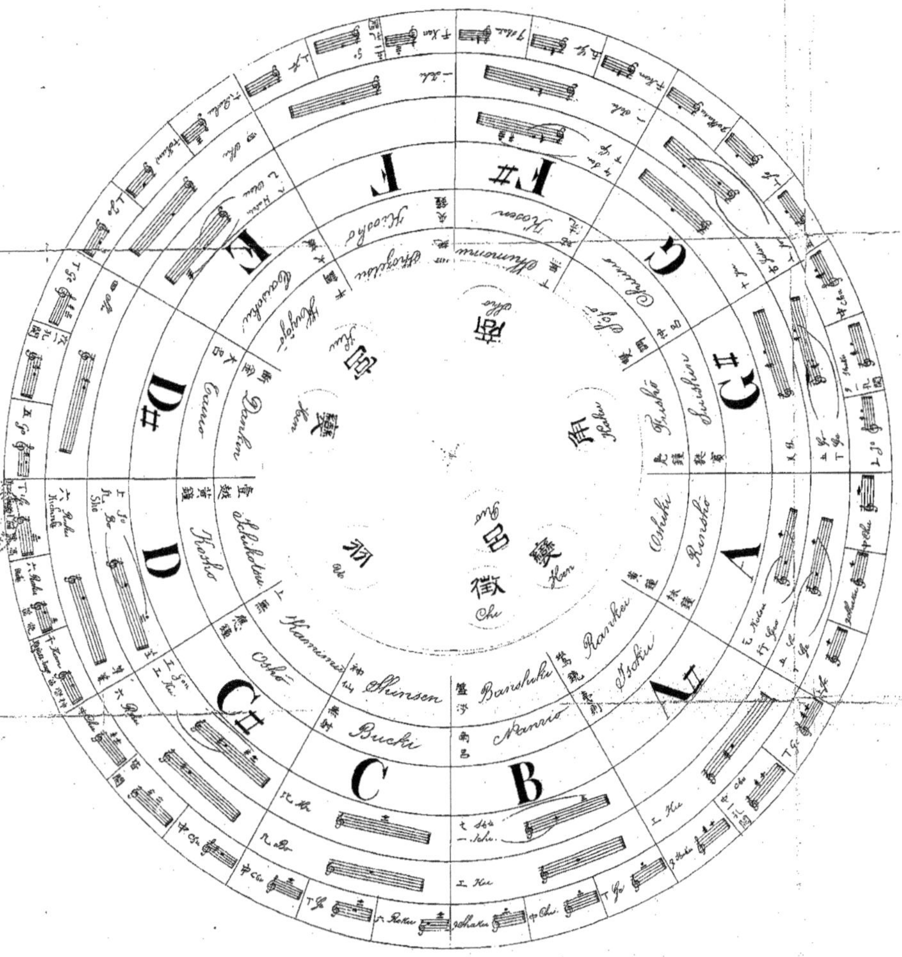

F
F♯
G
G♯
A
A♯
B
C
C♯
D
D♯
E

SOCIÉTÉ FRANCO-JAPONAISE DE PARIS

Annexe au Bulletin nᵒˢ XIX-XX

Juin-Septembre 1910

PLANCHES POUR ACCOMPAGNER L'ARTICLE

DE

M. Charles LEROUX

SUR " LA MUSIQUE JAPONAISE CLASSIQUE „

日佛協會

Siège Social :

PALAIS DU LOUVRE — PAVILLON DE MARSAN

107, RUE DE RIVOLI, 107

PARIS

1910

Prix : 1 fr. 50

COMPLÉMENT A L'ARTICLE DE M. CH. LEROUX

SUR LA MUSIQUE JAPONAISE CLASSIQUE

in Bulletin de la Société Franco-Japonaise, n° XIX-XX

L'interprétation des paroles des deux chants dont M. Leroux donne la transcription à la suite de son étude sur la *Musique japonaise classique*, n'est pas des plus aisées, non seulement pour un Français, mais même pour beaucoup de Japonais de nos jours. La difficulté tient, d'une part, à l'ancienneté de ces textes (composés vers le VIII° ou le IX° siècle de notre ère), de l'autre, à leur brièveté. Ils ne peuvent, en effet, prendre tout leur sens que par le développement des cérémonies au cours desquelles il en était fait un usage déterminé par la liturgie. Nous devons donc des remerciements particuliers à M. T. Osoumi, secrétaire-interprète de la Société, qui a bien voulu en préparer la traduction ci-après. Seules les études philologiques qu'il a poursuivies à l'Université impériale de Tôkyô lui ont permis de mener sa tâche à bonne fin.

MUSHIRODA

GENRE SAIBARA (danse shintoïste, mode dérivé de la danse Kagura).

Mushiroda no ya	Rizières de la plaine de Mushiroda
Mushiroda no	Rizières aux teintes d'or,
Itsunukikawa nu ya	Sur les bords de la rivière Itsunuki
Sumu tsuru no	Les Grues amies, les Grues fidèles
Sumu tsuru no ya	Viendront et reviendront ici
Sumu tsuru no	Mille ans, éternellement,
Chitose wo kanete zo	S'ébattre et se jouer dans les airs.
Asobia aheru	
Yorotzu yo kanete zo	
Asobia aheru	

Mushiroda est l'ancien nom d'une région où le riz était cultivé en grande abondance. On ignore d'ailleurs l'emplacement exact de cette région. On sait seulement qu'elle était située dans la province actuelle de Mino qui, aujourd'hui encore, reste une grande productrice de riz. Les encyclopédies japonaises ne permettent pas non plus d'identifier le nom d'Itsunuki avec celui d'une rivière connue de nos jours.

Dans l'ancienne zoomythie japonaise, comme dans celle de la Chine, la grue (considérée comme l'oiseau qui s'élève le plus haut dans les airs) est le symbole du principe céleste ; par opposition le principe terrestre est représenté par la tortue.

Au temps présent, ce chant de *Mushiroda* paraît être encore en usage dans certains cas, notamment lors de la fête du riz, *Daï Joye*, le 17 octobre.

SENZAI

GENRE KAGURA (danse-pantomime shintoïste).

Sen'zaï sen'zaï	[Vive le Japon] mille ans, mille ans,
Sen'zaï ya	mille ans!
Chitose no sen'zaï ya	Mille fois mille ans!
Man'zaï man'zaï	[Vive le Japon] dix mille ans, dix mille
Man'zaï ya	ans, dix mille ans!
Yorozu yo no man'zaï ya	Dix mille fois dix mille ans.
Na wo sen'zaï	Encore mille ans.
Na wo man'zaï	Encore dix mille ans.

Senzai, Manzai, sont, en réalité, le même vocable que Banzaï, bien connu par l'expression « Nippon Banzaï » : Vive le Japon dans les siècles des siècles.

Dans le chapitre VI (culte) de l'intéressant petit livre qu'il a publié sur le shintoïsme, résumé d'un ouvrage considérable consacré au même sujet, M. W. G. Aston donne la définition suivante du mot *kagura* :

« Le *kagura*, ou danse pantomime, avec masques et musique représentant quelque épisode des récits mythiques, a formé, à toutes les époques un élément important des fêtes religieuses du shintoïsme, et comme dans d'autres pays, a donné naissance au drame profane. »

Ailleurs, dans le livre précité, l'auteur donne du même terme cette défi-nition abrégée : le *kagura*, pantomime sacrée.

Citons encore celle-ci, figurant dans le dictionnaire japonais-français de Pagès : *Cagura*, danses et chants qui s'exécutent devant le *Cami*.

Au cours de son important ouvrage sur *le Japon*, M. le marquis de la Mazelière s'exprime ainsi : « Pour compléter cette courte histoire de la musique japonaise, il faudrait pouvoir en donner la théorie. Malheureusement, cette théorie est encore à faire » (t. III, p. 580).

La savante étude de M. Ch. Leroux répond, tout au moins, en partie à ce *desideratum* et nous nous félicitons particulièrement d'avoir pu en donner la primeur à nos lecteurs.

Au début du passage précité de son livre, M. le marquis de la Mazelière donne, sur le sujet traité, quelques indications bibliographiques qu'il ne paraît pas inutile de reproduire ci-après :

Transactions of the Asiatic Society, Japan :
F. T. Pigott, *Music of the Japanese* (XIX, 2).
Rev. Veeder (VII, 2).
Dr Du Bois (XIX, 2).

G. G. Knott (XIX, 2), plus nombre d'articles dans des Revues anglaises, allemandes et françaises. Les citations de Dazai sont tirées de l'article de R. S. Kirby, *Dazai on Japanese Music* (t. A. S. J., XXVIII).

Nous citerons encore l'article *Music*, dans les *Things Japanese* de M. Basil Hall Chamberlain ; le *Voyage autour du Globe* (Japon), de M. J. Eggermont (pp. 257-259, 272-276, 402, 432-435) et, spécialement, le chapitre « Music »

(t. II. p. 358-377) dans le récent et très remarquable ouvrage publié sous la direction du Comte Okuma, *Fifty years of New Japan*, édité à Londres par M. Marcus B. Huish, vice-président de la Japan Society.

Ce chapitre est dû à la plume compétente de M. Suyéharu Togi. Bornons-nous à en citer ce passage :

Période de Heian 784-1186.

« Il est permis de dire que c'est durant l'époque Heian (784-1186) que le développement musical au Japon a atteint son degré le plus élevé, car la plupart des pièces qui sont maintenant regardées comme présentant le plus de valeur au point de vue musical furent composées alors. Après le transfert de la capitale impériale de Nara à Heian (Kyôtô), toute chose demeura pendant un temps telle qu'elle avait été, mais les deux empereurs, Saga et Nimmyô, qui tous deux étaient adonnés à la musique chinoise et très versés dans ses principes, consacrèrent une bonne part de leur temps à étudier la valeur comparée de diverses pièces musicales : ceci eut pour résultat d'amener l'amalgamation des différents éléments de musique, indigènes et étrangers...

Un célèbre prêtre bouddhiste, Kukai (1), introduisit des changements fondamentaux dans les airs de *shomyo*, et une des plus grandes époques dans l'histoire de notre musique nationale fut le résultat de cette transformation.

Ce fut alors (milieu du ixe siècle) que, pour la première fois furent édictés des règlements concernant l'exécution des morceaux de musique (musical performances) dans le *Jokan shiki* (code de lois formé en 869 A. D.) et dans le *Engi shiki* (promulgué en 908 A. D.), d'après lesquels le *Kagura* et le *azuma-asobi*, transmis par la tradition depuis les temps immémoriaux, furent réservés pour les jours de fête, tandis que le *kumé-uta* et le *yamato-uta* ne devaient être exécutés qu'à l'occasion de cérémonies. Les instruments de musique dont l'emploi était seul autorisé pour ces exécutions, étaient le *hichiriki*, qui, parmi les instruments de musique chinois, avait le timbre le plus susceptible de s'adapter aux airs adoptés, et la flûte japonaise et le *wagon* (wang gong) (2), dont on avait commencé à jouer, dans l'empire, dès les premières époques de son histoire. Par là, on verra que toute différence entre la musique chinoise et la musique japonaise avait disparu, en tant qu'il s'agit de la modulation (3). »

Mais voici ce que nous pouvons dire en toute sûreté : que la tonalité particulière de notre musique nationale s'est dégagée des notes combinées (mixed notes) du Kagura uta purement indigène, d'une part, et du *Kumé uta* et du

---

(1) 774-835. Papinot.

(2) *Wagon* ヲイガン, instrument de musique qui ressemble au rebec ou à la viole. *Dict. Jap. Français*, de Pagès.
Wagon ou *wang gong* est le nom vulgaire du *yamato no koto* ou *koto* à six cordes. J. Eggermont, *le Japon*, p. 138.

(3) A ce sujet, M. Ch. Leroux fait la remarque suivante : « L'auteur veut probablement ici faire allusion aux deux demi-tons qui, introduits par les Chinois, ont disparu chez eux, alors qu'ils ont été maintenus au Japon. »

ta uta (chant accompagnant le *tamai*), de l'autre. Celles-ci cependant furent si bien modifiées par l'influence étrangère au moyen-âge, que toutes leurs notes en sont arrivées à coïncider (agree) exactement avec les cinq principales notes ou échelles (scales) de la musique chinoise, respectivement *Kyu*, *sho*, *kaku*, *cho* et *u* (1).

A cette époque, un genre particulier de représentation d'opéra (operatic performance), connu sous le nom de *saibara*, qui visait, avec succès, à représenter la condition de la société et de l'humanité sous la période Heian, fit son apparition sur la scène. Ce genre avait été populaire à l'époque Nara (2), mais, de bonne heure, pendant la période Heian, où, comme il a été indiqué ci-dessus, de grands changements fondamentaux furent introduits dans le sys-système de la musique en général, ce *saibara* fut remanié sur le modèle de la musique chinoise et se distingua bientôt par sa douceur et son éloquence : cela est tout à l'éloge du goût de la famille Fujiwara, sous les auspices de laquelle la transformation s'est effectuée.

Extrait de l'ouvrage du comte Okuma,
Fifty Years of New Japan (t. II, ch. XIX, p. 363-372);
La Musique, par M. Suyéharu Togi.

*

* *

Au moment de mettre sous presse, nous apprenons que M. le Ministre de l'Instruction Publique vient de conférer à M. Tameyo Ozoumi les palmes d'officier d'Académie.

Nos bien sincères félicitations à notre sympathique et dévoué secrétaire-interprète.

LA RÉDACTION.

(1) Do, ré, mi, sol, la. — C, D, E, G, A.
(2) Rappelons que Nara fut de 709 à 784 la résidence des Empereurs et des Impéra-trices du Japon.

SENZAI

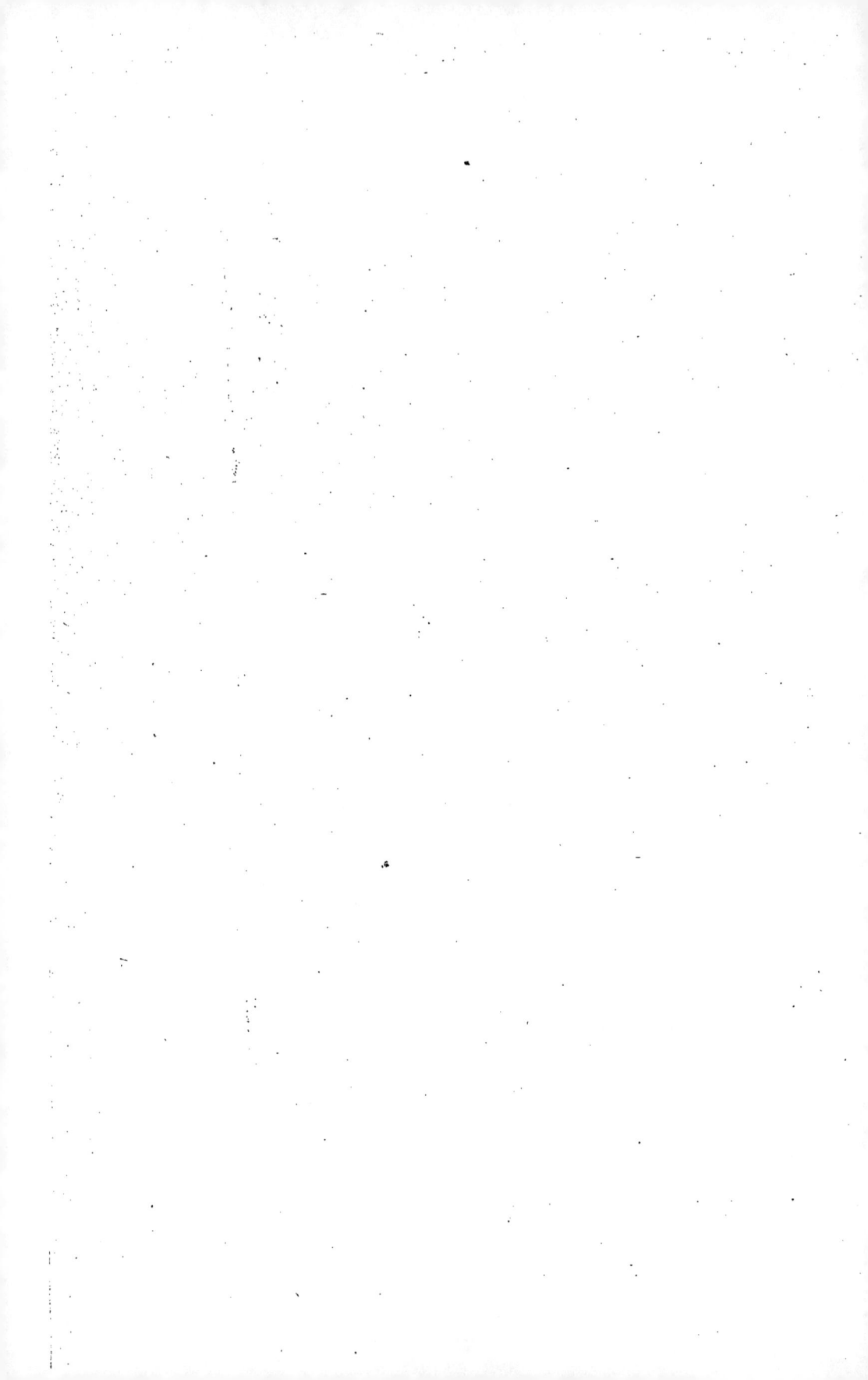

神樂歌之內

千歳譜

SENZAI

(Genre Kagura)

セ Se

ン ン

雙 Sôjô

雙 Sôjô

雙 Sôjô
Coup de grosse caisse
百

ザ za

黄 Oshiki   黄 Oshiki
雙 Sôjô   雙 Sôjô
平 Hiojô

イ i

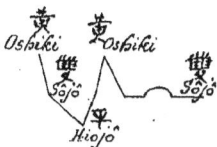

黄 Oshiki   Oshiki
川
Sôjô
雙
雙 Sôjô   黄

セ Se

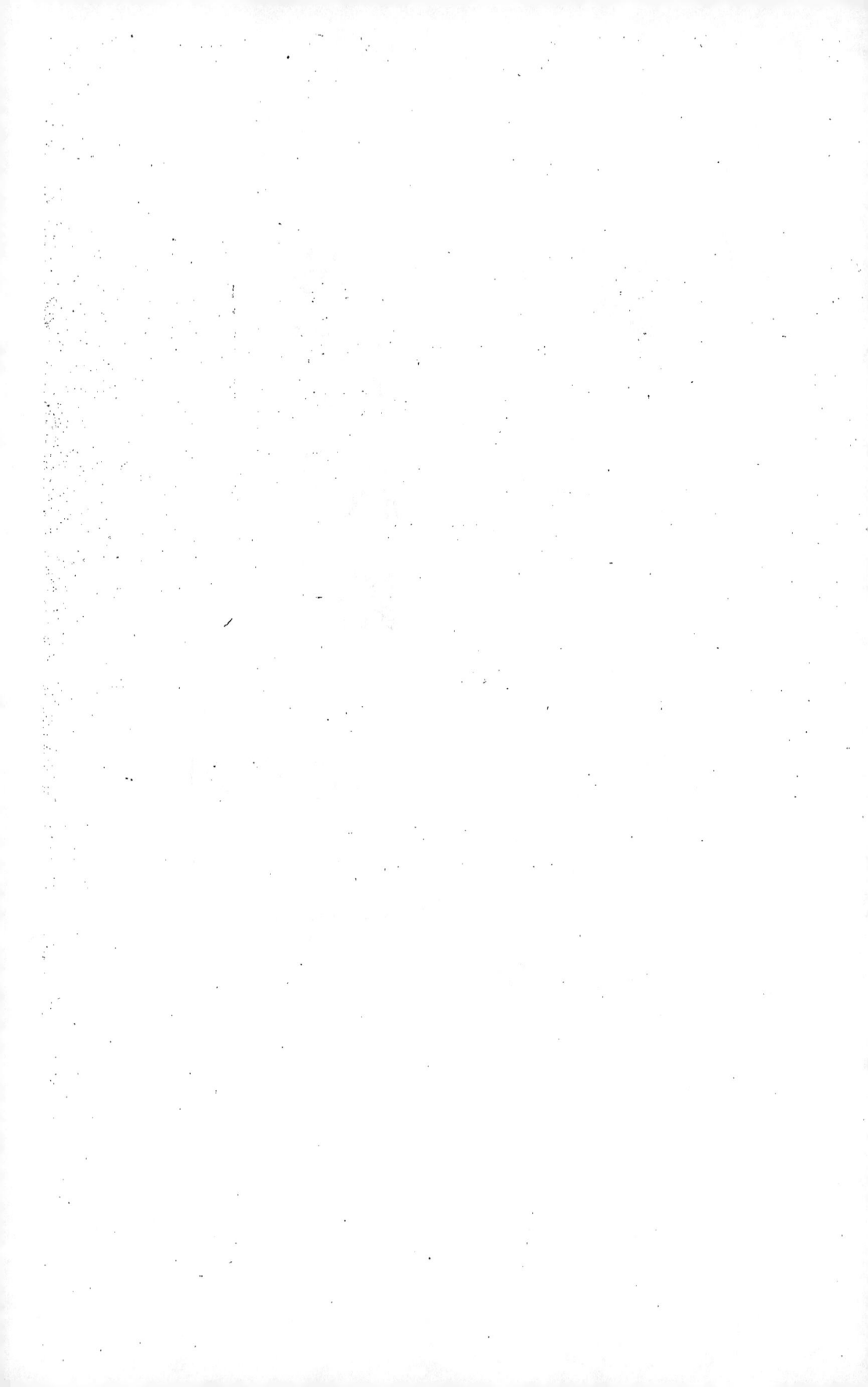

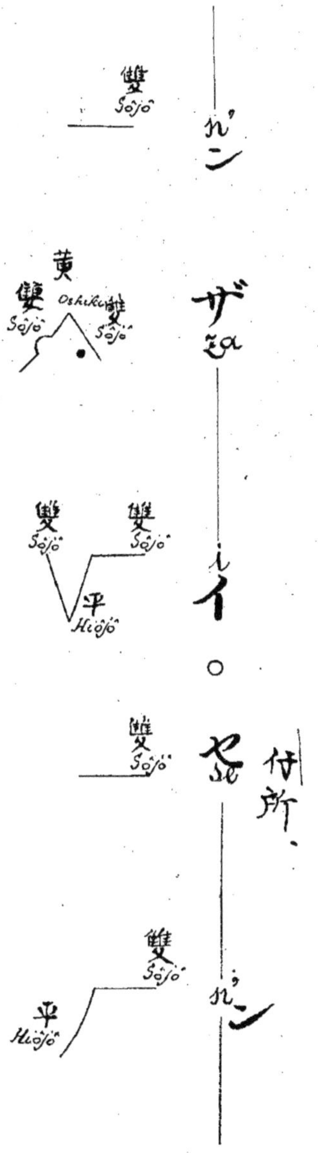
雙 Sôjô
ン
黄 Oshiki
雙 Sôjô
雙 Sôjô
ザ za
雙 Sôjô
雙 Sôjô
平 Hiôjô
i イ
○
雙 Sôjô
se
付所
雙 Sôjô
平 Hiôjô
ン

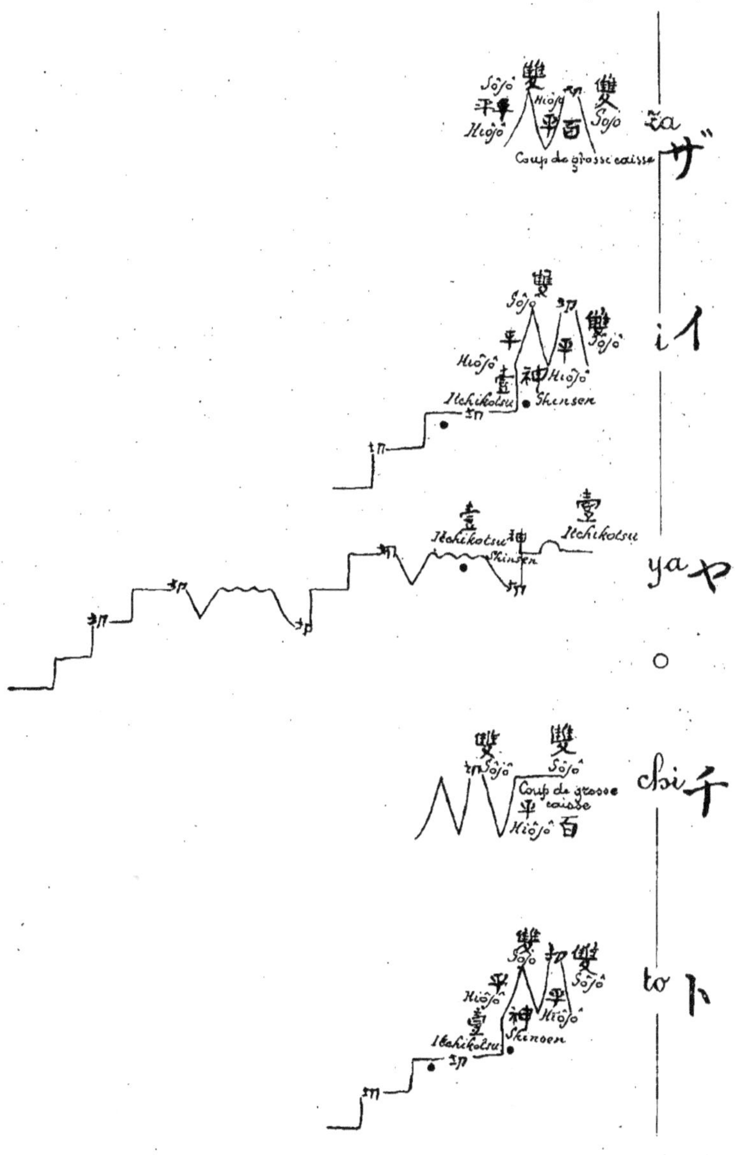

雙 Sôjô
平 Hiôjô
百
Coup de grosse caisse
za ザ
壹 Itchikotsu
神 Shinsen
i イ
ya ヤ
chi チ
to ト

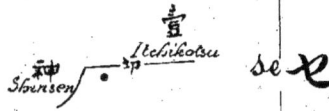

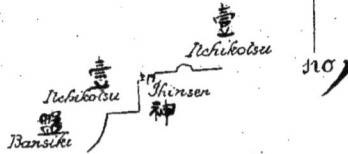

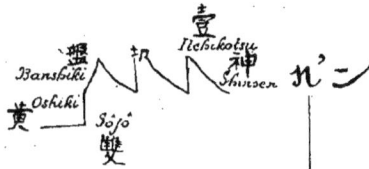

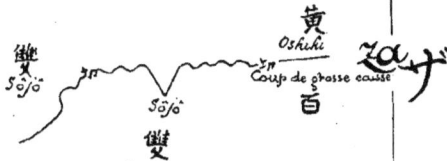

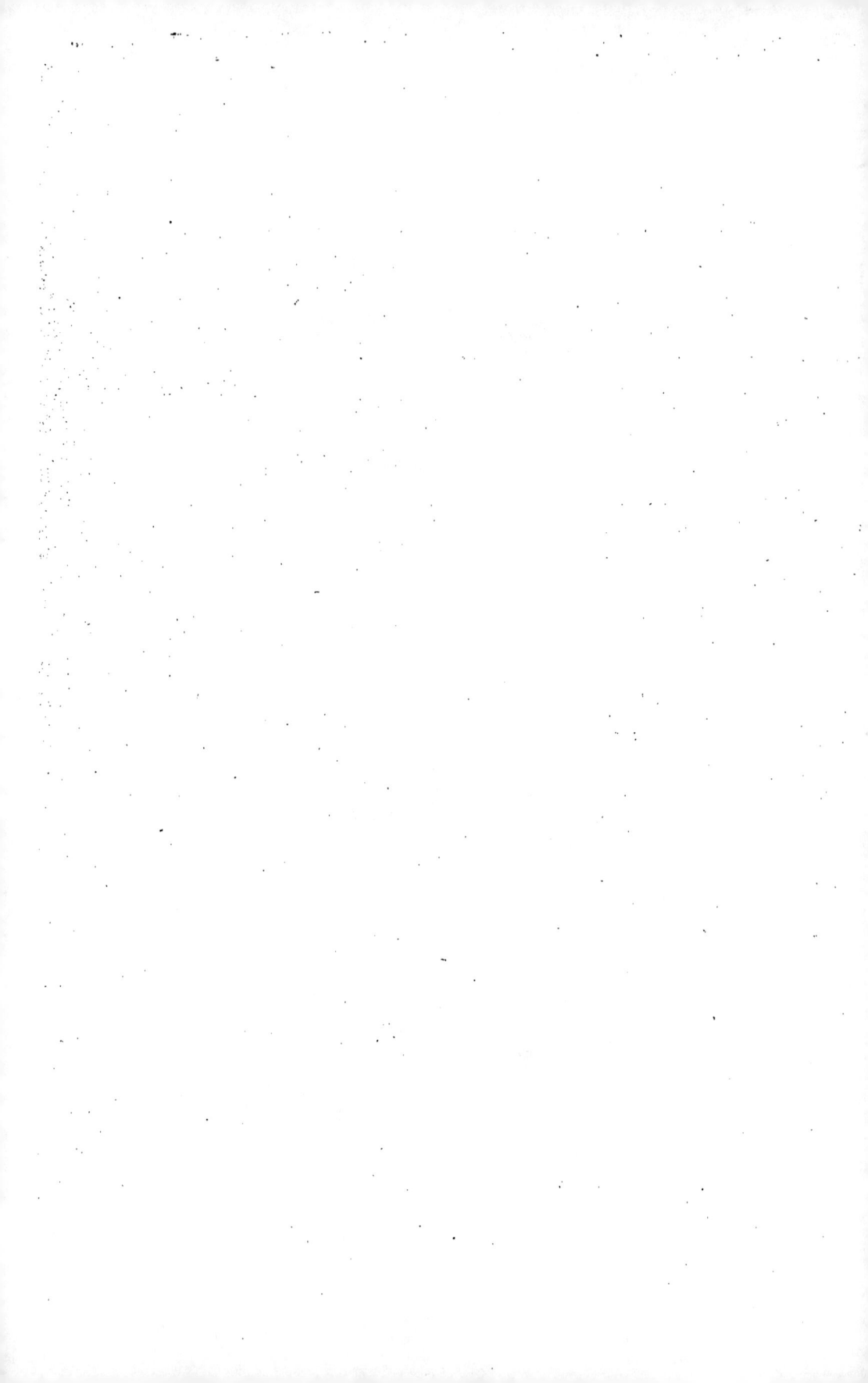

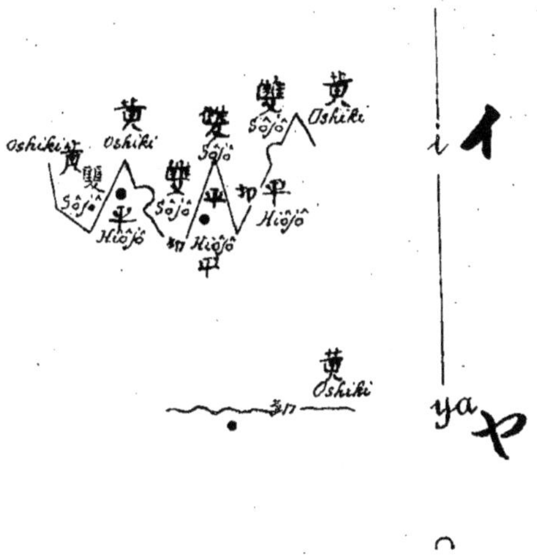
黄
Oshiki
雙
Sôjô
平
Hiôjô
i
イ
ya
ヤ

6

CHITOSE MATSU KA

同末歌

音振本歌ニ同

雙
Sôjô
マ

雙
Sôjô
ン

雙
Sôjô
Coup de grosse caisse ザ
百
あ

黄
Oshiki
黄
Oshiki
雙
Sôjô
雙
Sôjô
平
Hiôjô
イ

黄
Oshiki
雙
Sôjô
雙
Sôjô
ma

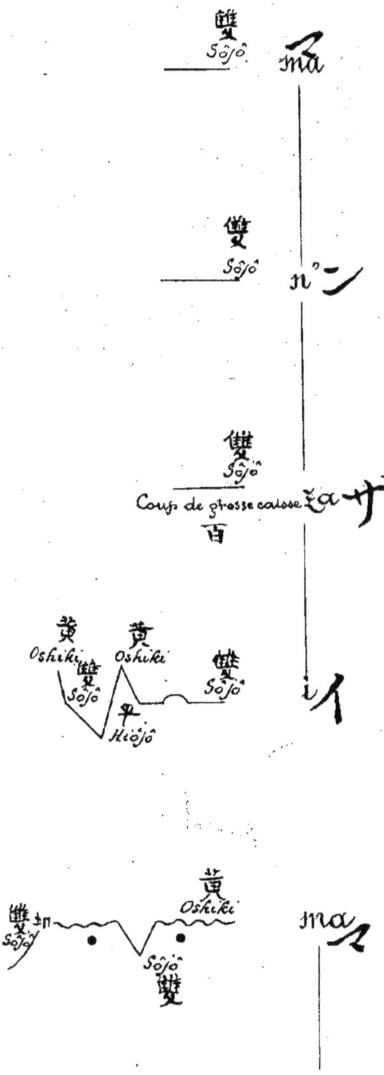

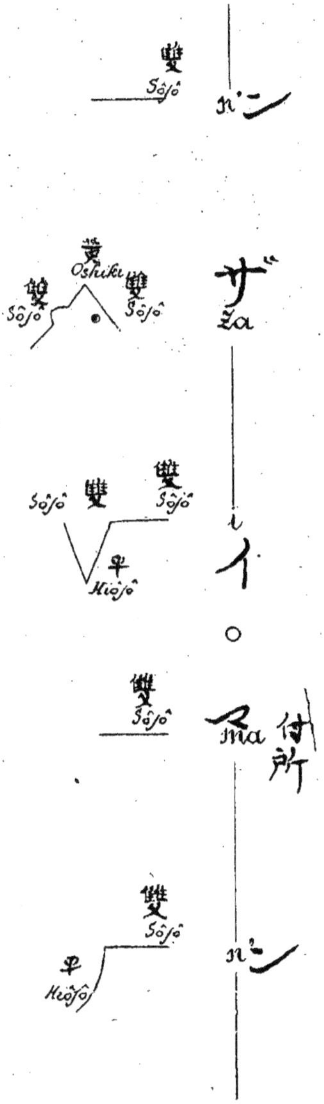

7

雙 *Sôjô*　ン

黄 *Oshiku*　雙 *Sôjô*　雙 *Sôjô*　ザ *Za*

Sôjô　雙　雙 *Sôjô*　平 *Hiôjô*　イ

。

雙 *Sôjô*　マ *Ma* 付所

雙 *Sôjô*　平 *Hiôjô*　ン

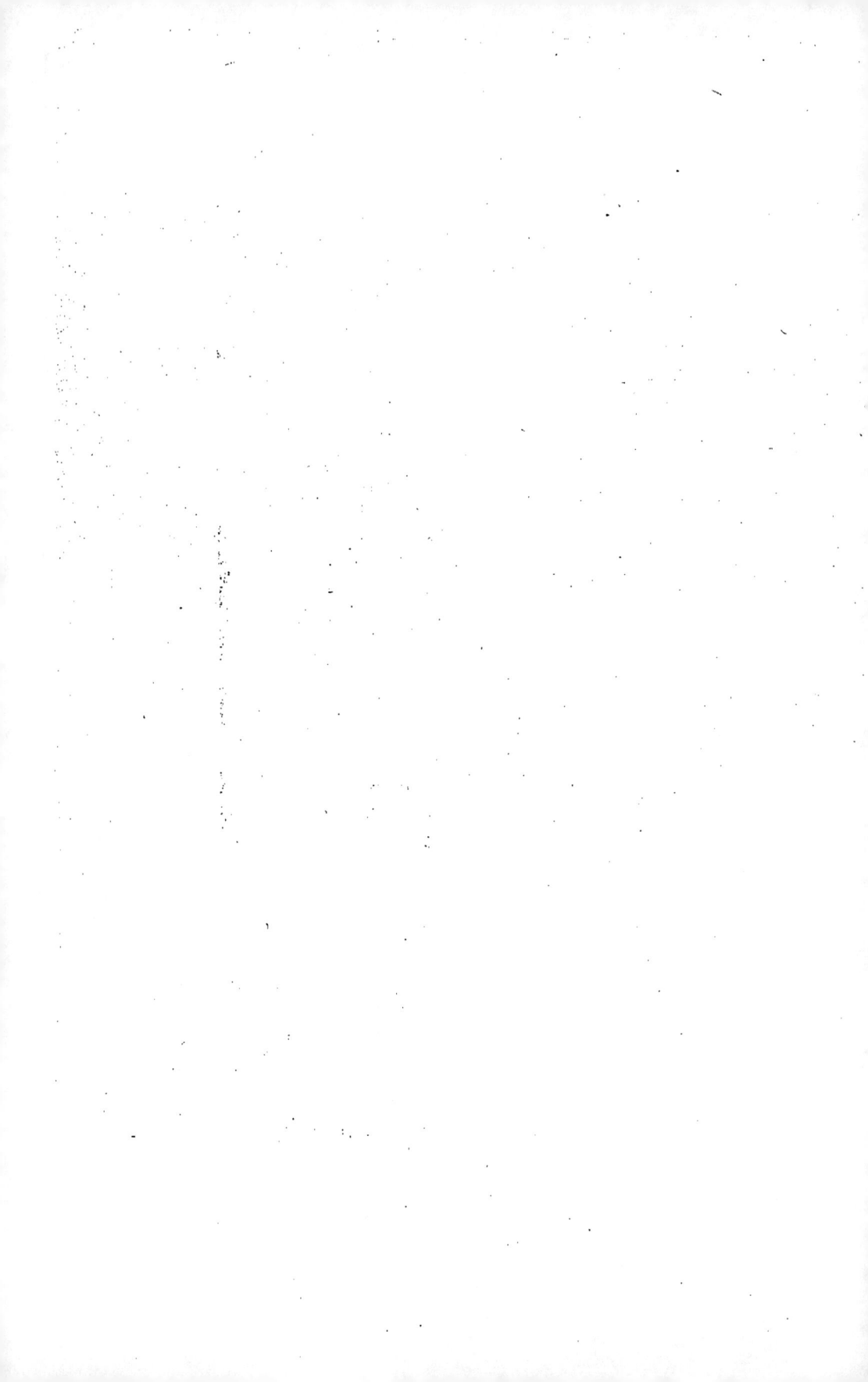

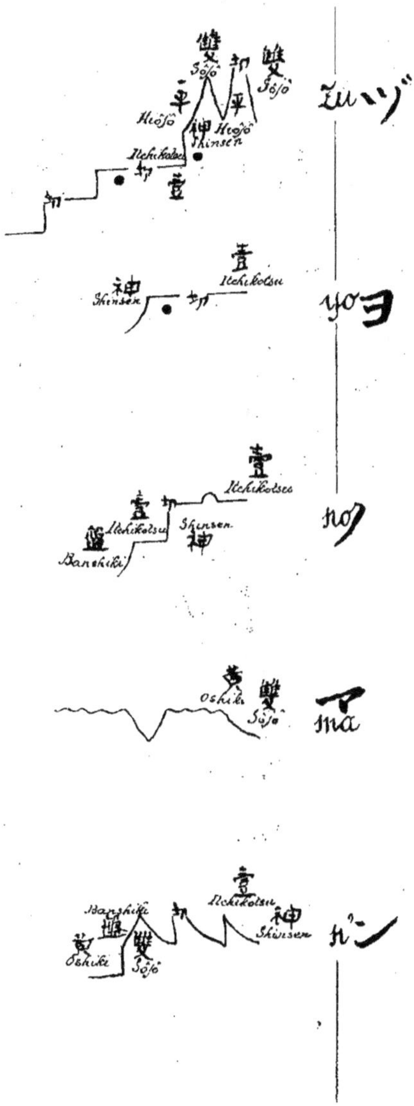

雙 Sōjō　切 雙 Sōjō

平 Hiōjō　神 Shinsen　平 Hiōjō

Ichikotsu 切　壹

ヹハゾ

神 Shinsen　切　壹 Ichikotsu

yoヨ

壹 Ichikotsu

壹 Ichikotsu

雙 Ichikotsu　Shinsen

Banshiki

noク

黄 Oshiki　雙 Sōjō

ma マ

Banshiki 雙　壹 Ichikotsu　神 Shinsen

黄 Oshiki　雙 Sōjō

れ'ン

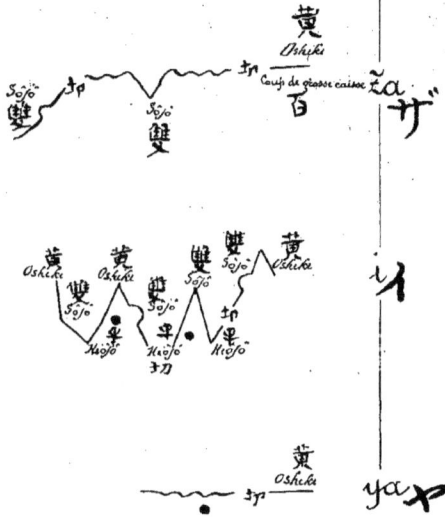

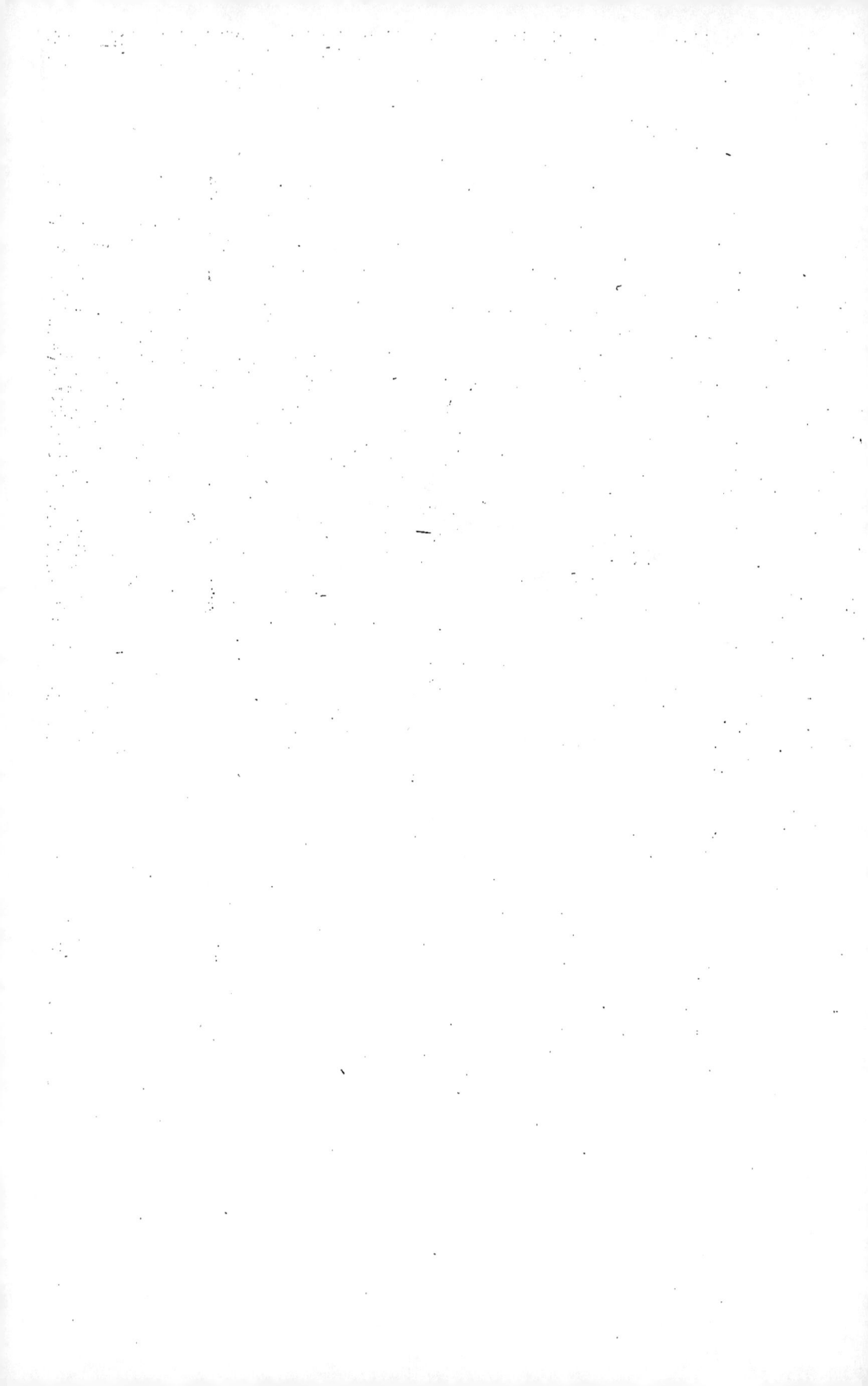

Kon.Ki

本歌

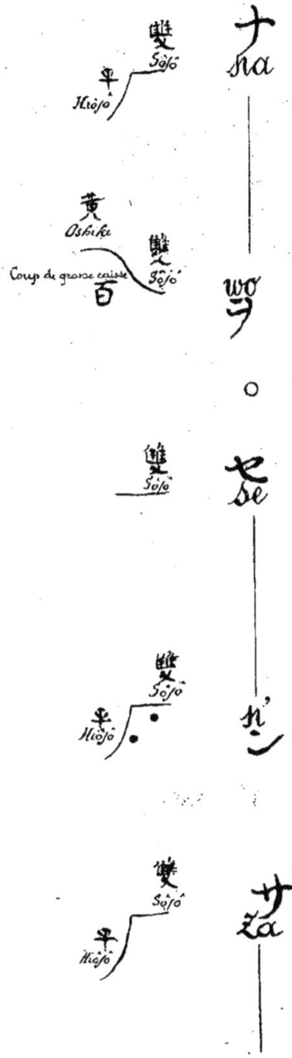

	ナ na
雙 Sōjō	
平 Hiōjō	

	ヲ wo
黃 Oshiki	
Coup de grosse caisse	雙 Sōjō
百	

。

| | ヤ se |
| 雙 Sōjō | |

	ん
雙 Sōjō	
平 Hiōjō	

	ザ za
雙 Sōjō	
平 Hiōjō	

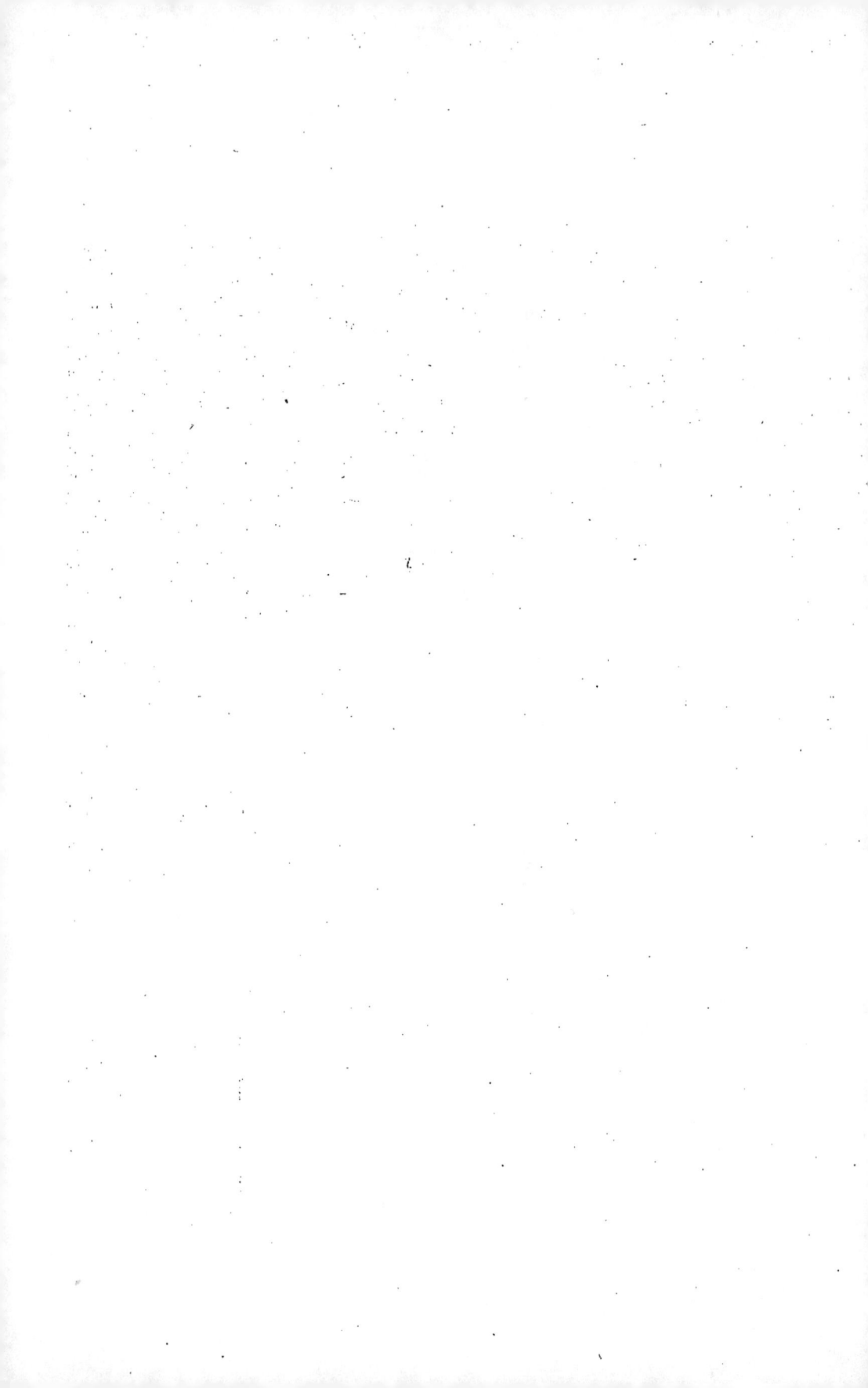

黄
Oshiki
双
Sōjō

イ。

末
歌

MATSU-KA

音振本歌ニ同

雙 *Sojo*
平 *Hiejo* ナ *na*

黄 *Osheke*
雙 *Sojo*
百 *Coup de grosse caisse* ヲ *wo*

○

雙 *Sojo* マ *ma*

雙 *Sojo*
平 *Hiejo* ン *n'*

雙 *Sojo*
平 *Hiejo* ザ *za*

黄
Oshiki
雙
Sōjō

MUSHIRODA

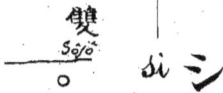

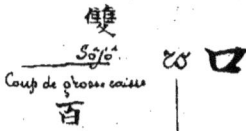

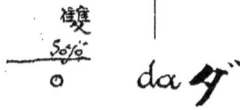

催馬樂之内

席田譜

MUSHIRODA

Genre SAIBARA

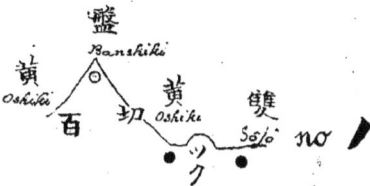

雙 Sōjō
平 Hiōjō
壹 Ichikotsu
Tsuku ツク
容田
mu ム

雙 Sōjō
si シ

雙 Sōjō
Coup de grosse caisse
百
ro ロ

雙 Sōjō
da ダ

盤 Banshiki
黄 Oshiki
黄切 Oshiki
百
雙 Sōjō
ツク
no ノ

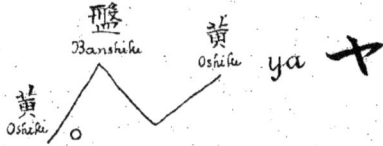 ヤ ya

○

 ム nu

 シ si

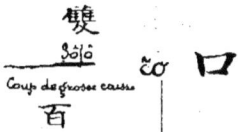 ロ ro

 ダ da

壹
Itchikotou
○ 百 ○ ● ● ●
Coup de grosse caisse
○

ノ
no

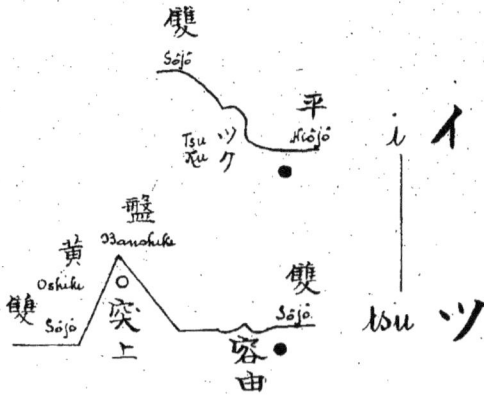

雙
Sōjō
平
Kiôjô
Tsu ツ
Ku ク
●

i
イ

盤
Banshiki
黄
Oshiki
雙
Sōjō
○
突
上
雙
Sōjō
●
容
由

tsu
ツ

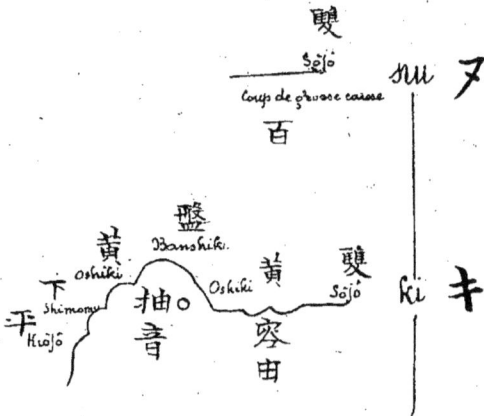

叟
Sōjō
Coup de grosse caisse
百

su
ヌ

盤
Banshiki.
黄
Oshiki
平 下
Kiôjô Shimomu
抽○
音
黄
容
由
Oshiki
黄
叟
Sōjō

ki
キ

ka 力

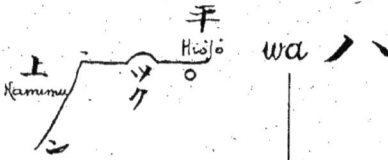

wa 八

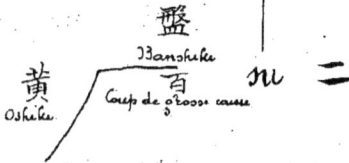

ni 二

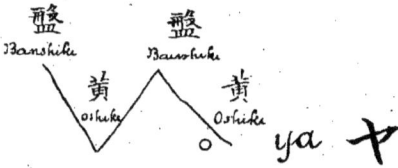

ya ヤ

。

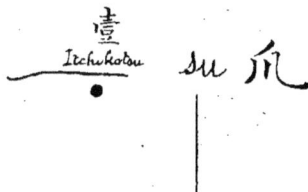

su 爪

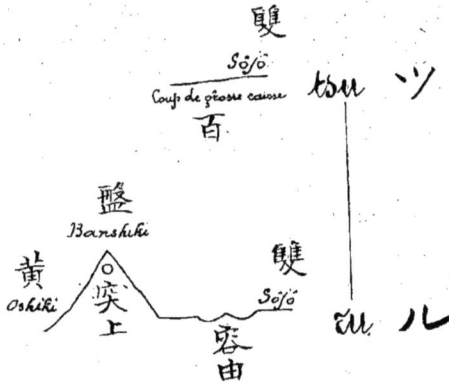

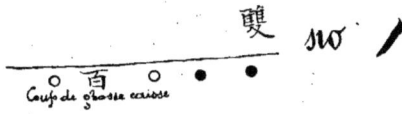

5

壹
Itchikotsu
mu ム

盤
Banshiki
容
由
黄
Oshiki
ツ

雙
Sōjō
Coup de grosse caisse
百
tsu ツ

盤
Banshiki
突
上
黄
Oshiki
雙
Sōjō
容
由
ru ル

雙
Sōjō
no ノ
百
Coup de grosse caisse

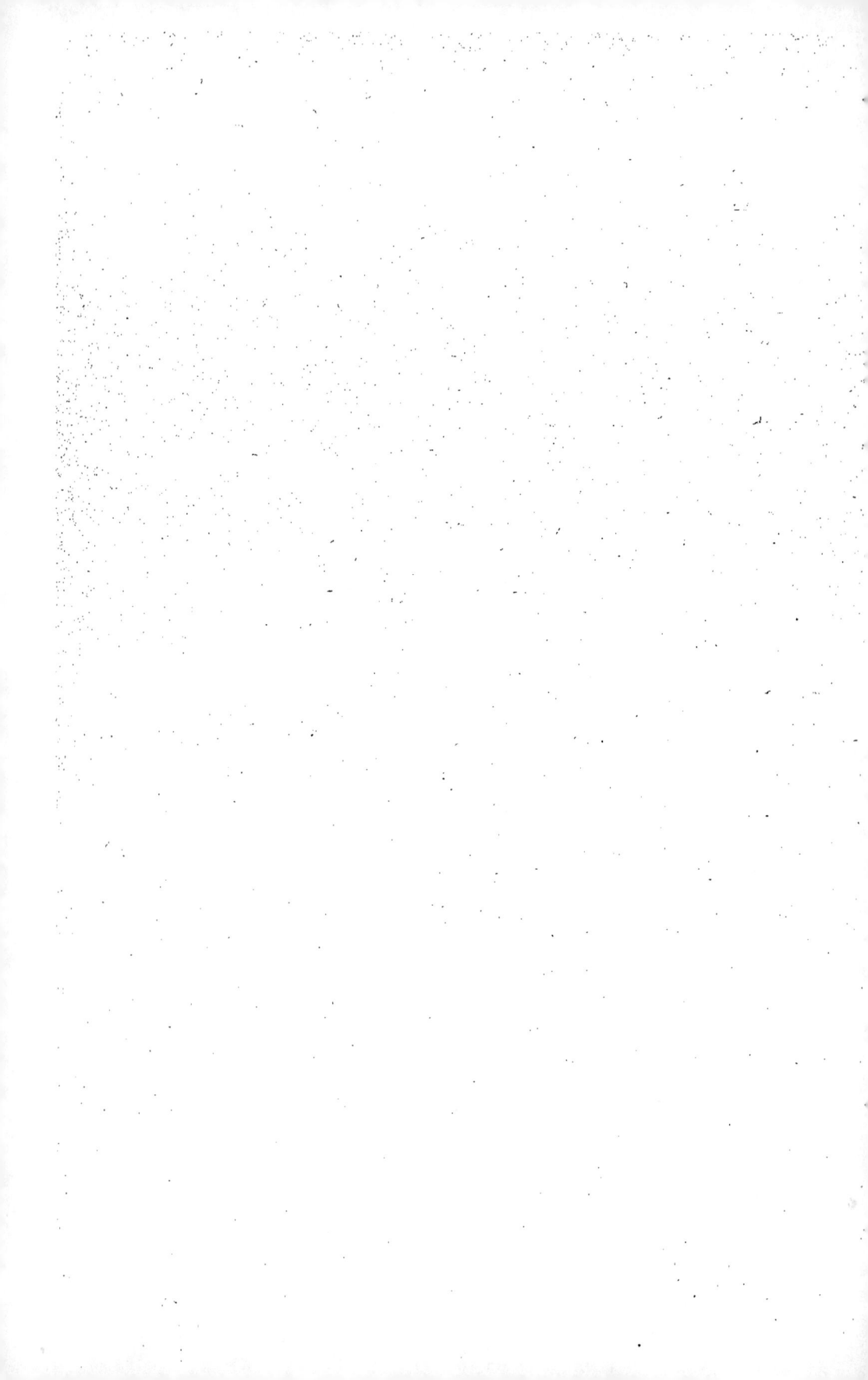

雙
Sojo

平　　　　壹
Hiôjô　　Ichikotsu　su 爪　　MUSHIRODA № 2

容田

雙
Sojo
○　mu ム

雙
Sojo
Coup de grosse caisse　tsu ツ
百

雙
Sojo
○　zu ル

盤
Banshiki
黄　　　黄　　雙
Oshiki　切　Oshiki　Sojo　no ノ
百　　　　ツ

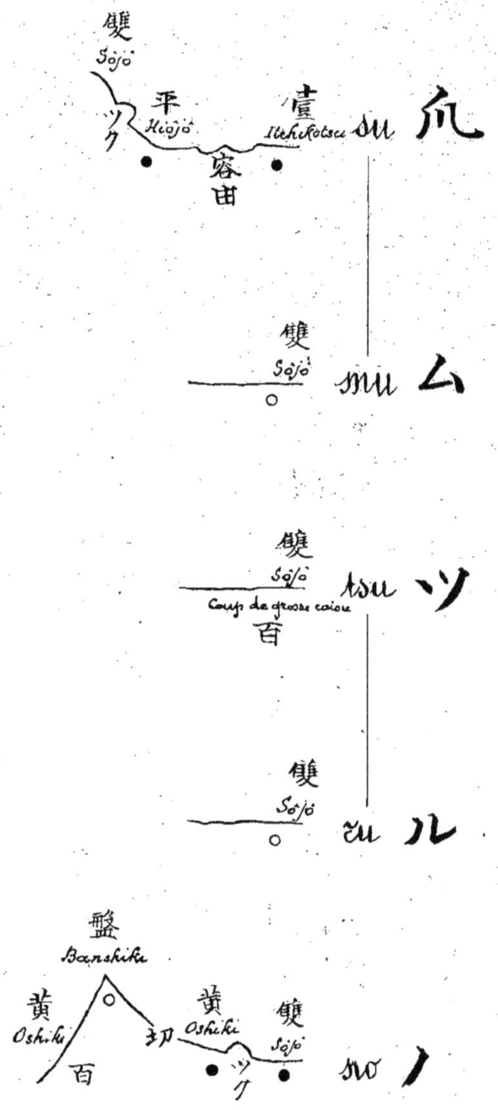

ヤ *ya*

○

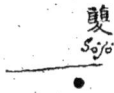

ス *su*

ム  *mu*

ツ *tsu*

ル  *ru*

壹
Itchikotou

百 *no* ノ

○

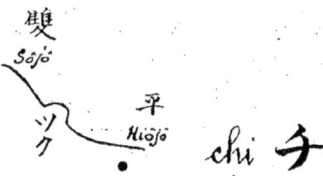

雙
Sōjō

ツク

平
Hiōjō

chi チ

盤
Banshiki

黄
Oshiki

雙
Sōjō

突上

雙
Sōjō

容由

to ト

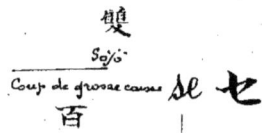

雙
Sōjō

Coup de grosse causes *si* セ

百

盤
Banshiki

黄
Oshiki

下
Shimomu

平
Hiōjō

拙音

黄
Oshiki

雙
Sōjō

容由

wo ヲ

ka カ

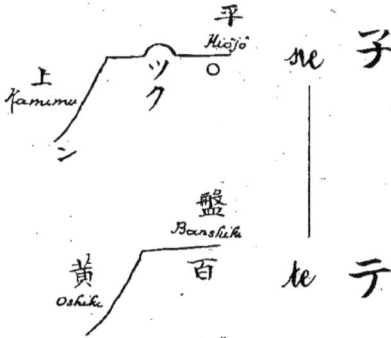

ne 子

te テ

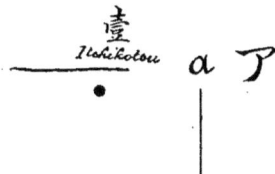

ゾ

a ア

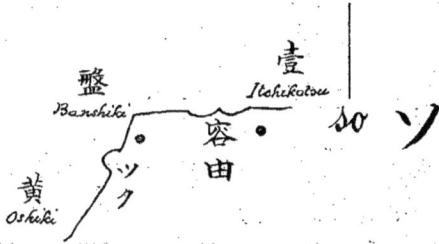

so ソ

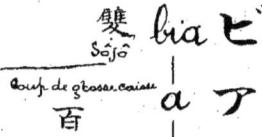

bia ビア

he ヘ

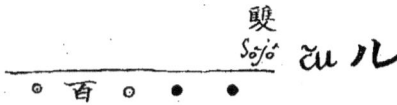

ru ル

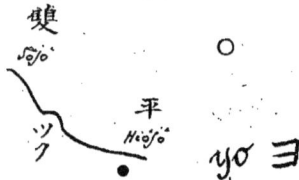

yo ヨ

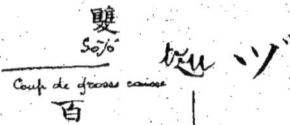

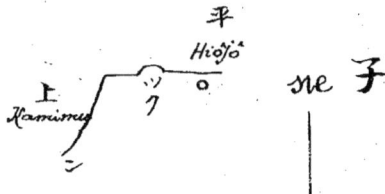

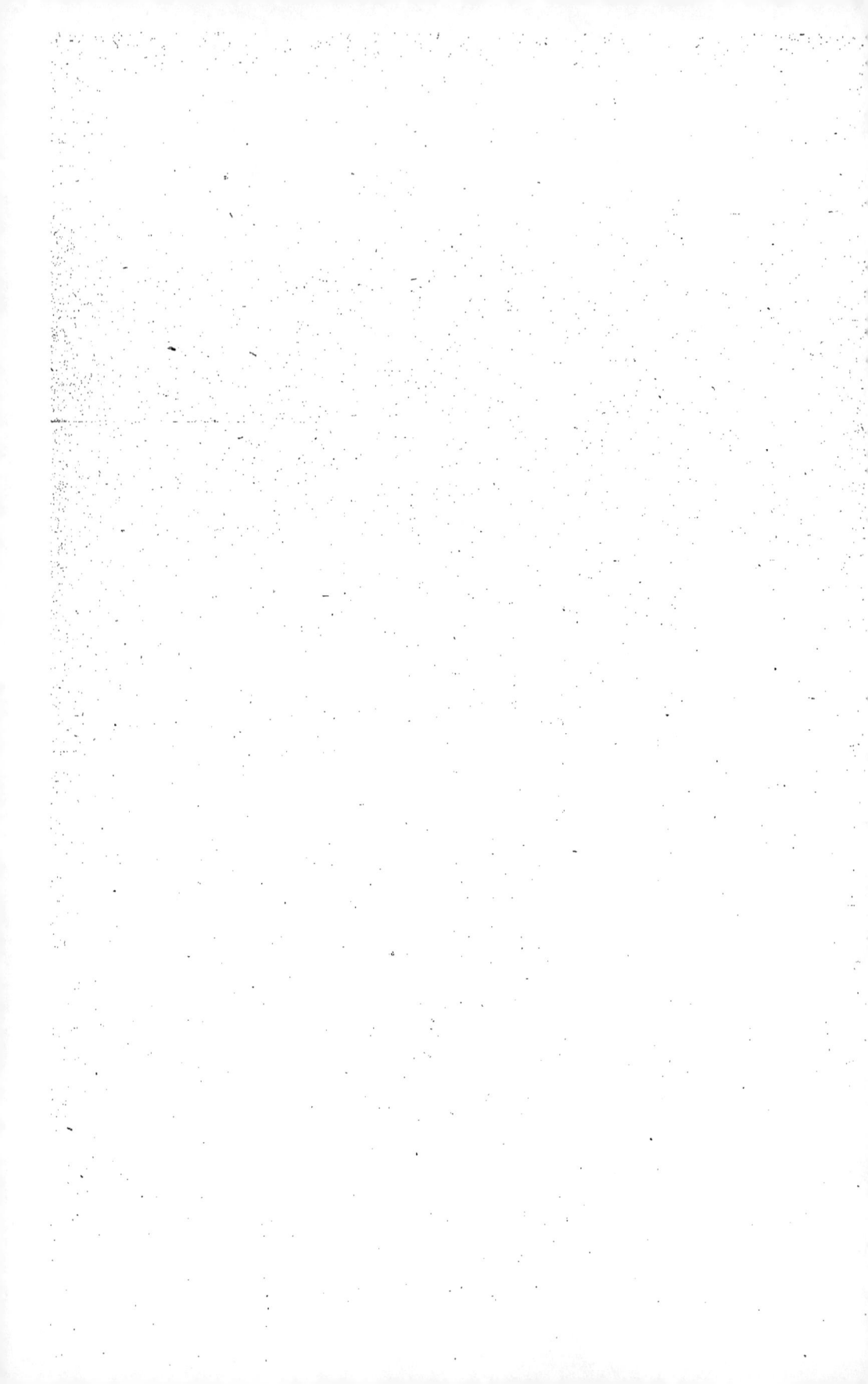

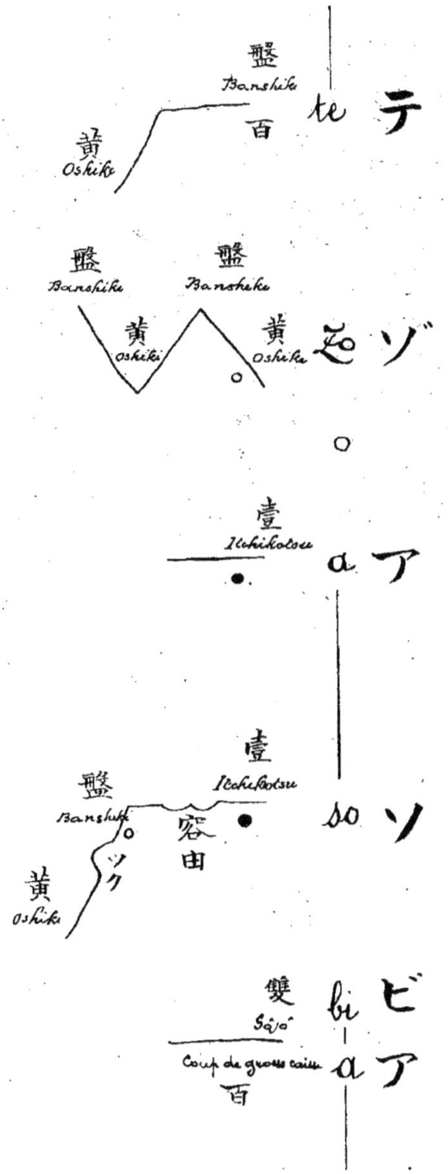

11

盤 *Banshiki*

黄 *Oshiki* 百 *te* テ

盤 *Banshiki* 盤 *Banshiki*

黄 *oshiki* 黄 *Oshiki* ゛ゾ

壹 *Ichikotsu* *a* ア

壹 *Ichikotsu*

盤 *Banshiki* 容由 ツ

黄 *oshiki* *so* ソ

雙 *Sajō*

Coup de grosse caisse
百 *bi* ビ *a* ア

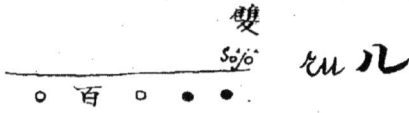

(GENRE KAGURA)

SENZAÏ

(GENRE SAÏBARA)

MUSHIRODA

N° 2

(GENRE SAÏBARA)

MUSHIRODA

Nº 1

Musique classique

Tableau présentant l'étendue des instruments et des voix

CHOSHI BUYE. (調子笛)

PLANCHE II.

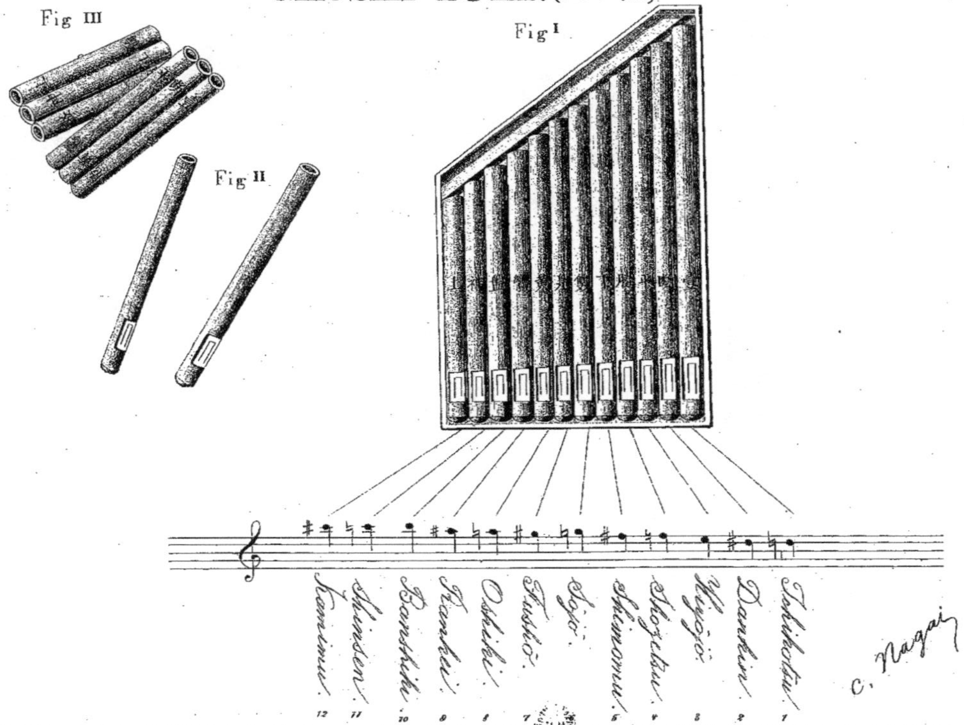
Fig III
Fig II
Fig I
Ichikotsu. 1
Dankin. 2
Hyôjô. 3
Shôzetsu. 4
Shimomu. 5
Sôjô. 6
Fushô. 7
Oshiki. 8
Rankei. 9
Banshiki. 10
Shinsen. 11
Kaminu. 12
C. Nagai

SHÔ. (笙)

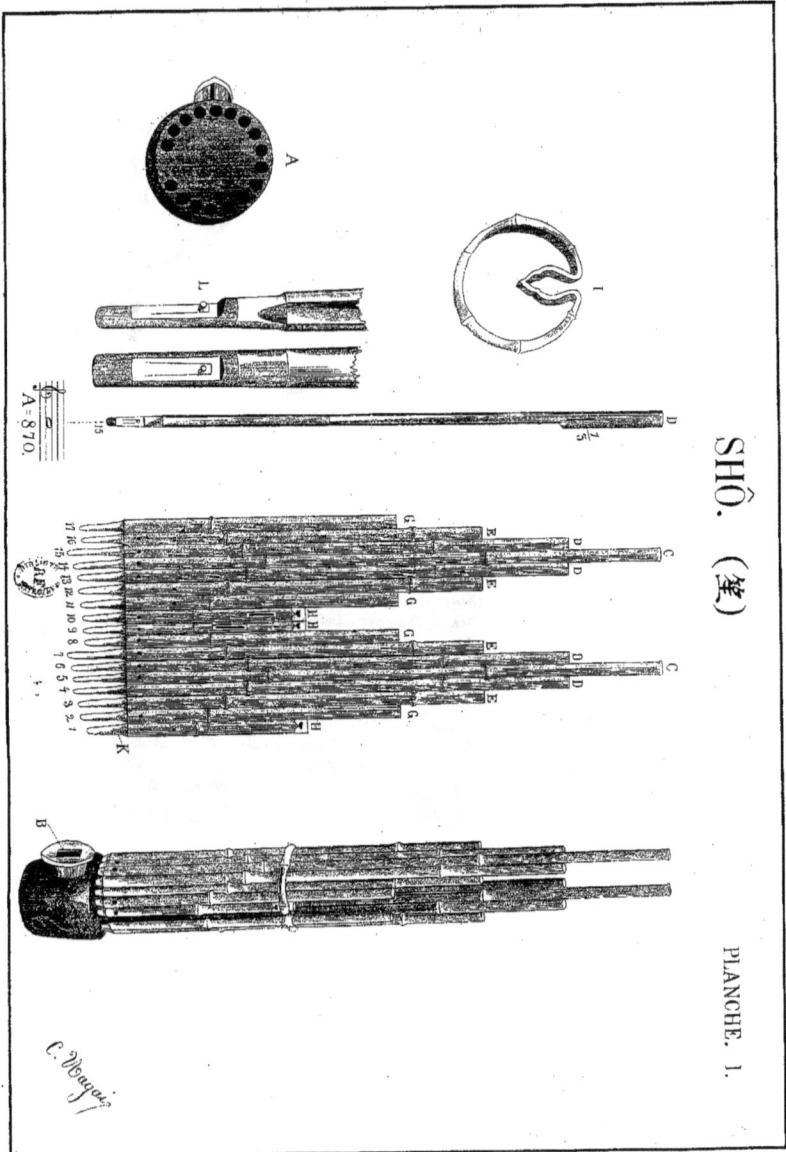

PLANCHE. 1.

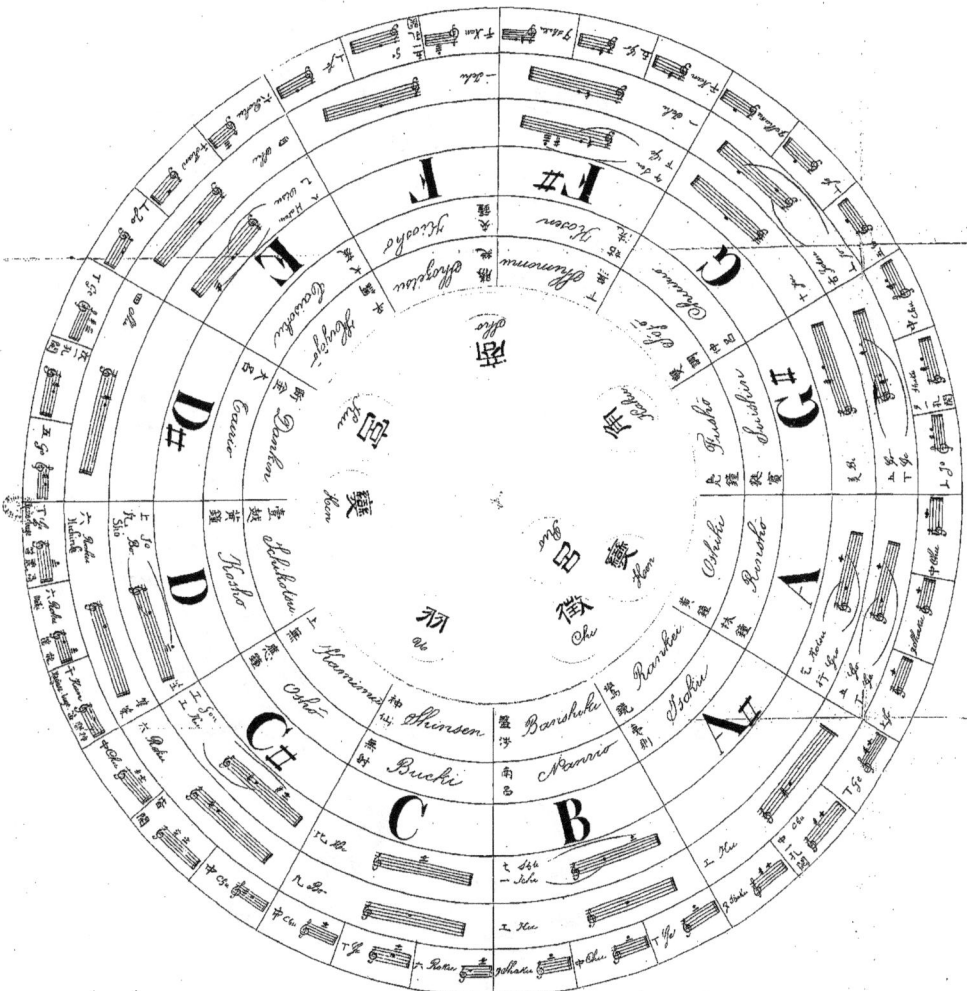

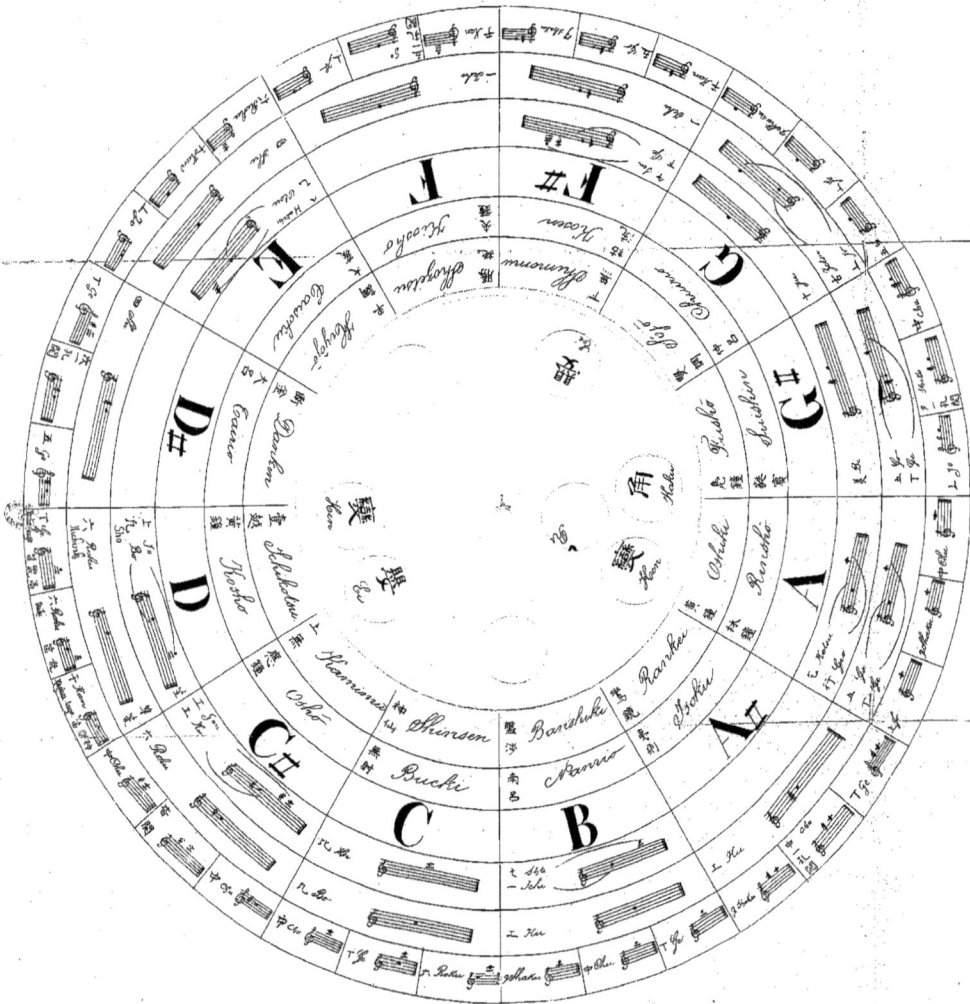

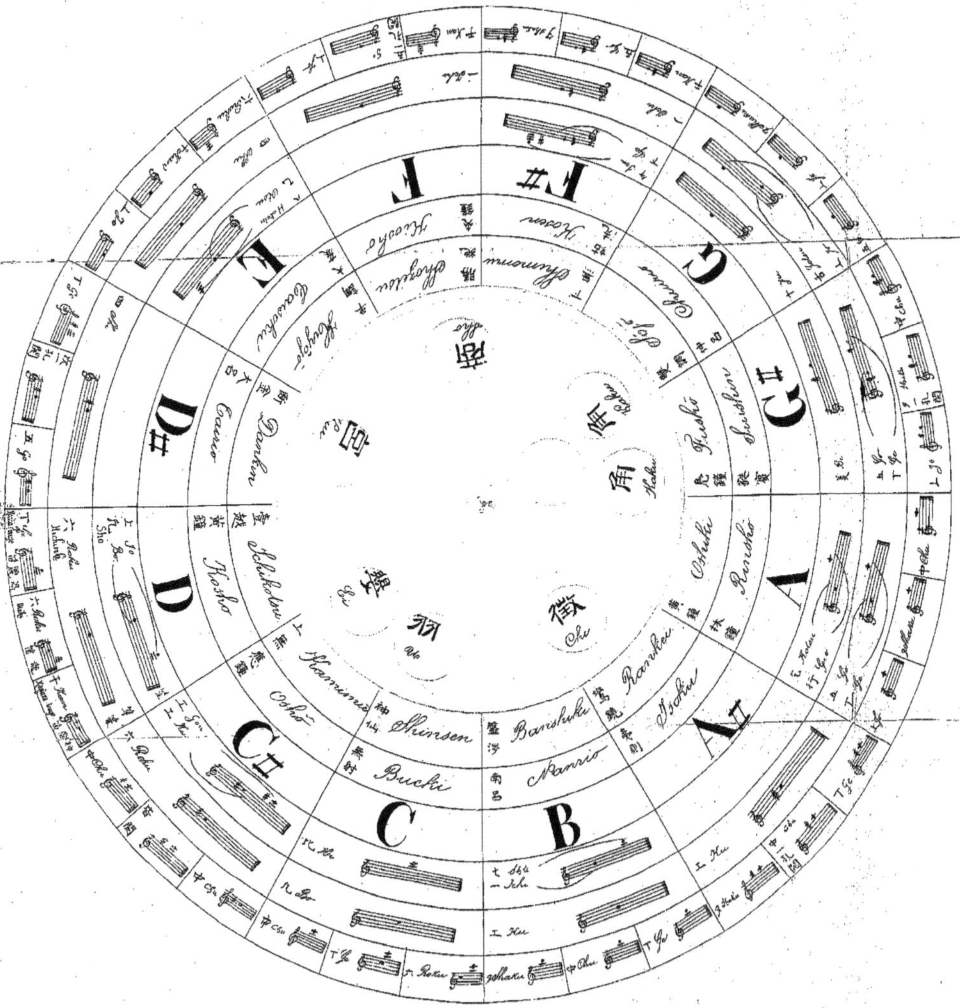

C
C♯
D
D♯
E
F
F♯
G
G♯
A
A♯
B
Shinsen
Banshiki

IMPRIMERIE

A. BURDIN ET Cⁱᵒ

4, Rue Garnier

ANGERS